Thomas Trenkler

WIEDERSEHEN IM NIEMANDSLAND

Die Geschichte dreier Brüder
1940-1949

GEGRÜNDET
1999

Thomas Trenkler

WIEDERSEHEN IM NIEMANDSLAND

Die Geschichte dreier Brüder
1940-1949

CZERNIN VERLAG, WIEN

Gedruckt mit Unterstützung des Bundeskanzleramtes, Sektion für Kunstangelegenheiten

.KUNST

Die Deutsche Bibliothek - CIP Einheitsaufnahme
Trenkler, Thomas:
Wiedersehen im Niemandsland. Die Geschichte dreier Brüder
1940-1949
Wien: Czernin Verlag, 2000
ISBN 3-7076-0006-8

Umschlagentwurf: Bernhard Kerbl/Eberhard Schrempf
Lektorat: Elke Vujica/Herbert Nikitsch
Herstellung: Die Druckdenker, Wien
Druck: Wiener Verlag, Himberg
ISBN 3-7076-0006-8

Für meinen Vater

Prolog

Am 12. September 1940, keine drei Monate vor seinem elften Geburtstag, trat Gerhard, der jüngste dreier Brüder aus Reichenberg, in das Internat der Kapellknaben zu Dresden ein. Während der Fahrt im Dritte-Klasse-Waggon – der Zug, eine Direktverbindung, benötigte für die 140 Kilometer über Zittau drei Stunden – dürfte er mit seiner Mutter kaum ein Wort gesprochen haben. Still sah ihm die zierliche Frau, die ihr langes, braunes Haar zum Zopf geflochten trug, zu, wie er den Apfel, den sie ihm gegeben hatte, mit den Zähnen eher schabte, denn aß, oder wie er, das Gesicht an die Scheibe gedrückt, die hügelige Landschaft, die Fachwerkhäuser der Dörfer vorbeiziehen ließ. Es war bereits alles gesagt. Und beide hatten sie Angst. Sie um ihn, und er vor der Fremde, in die er, wie es ihm, dem Lieblingssohn des Vaters, in diesen Momenten schien, verstoßen wurde, auch wenn es nur, was er nicht glauben mochte, „zu seinem Besten sei".

Viel lieber hätte sie, die Mutter, es gesehen, wenn Toni, der mittlere Sohn, nach Dresden gekommen wäre. Sicher, auch er war „ein lieber guter Junge", wie sie immer sagte, aber der wildeste, vielleicht auch der verwegenste von den dreien. Nie auf den Mund gefallen, bisweilen vorlaut, konnte er sich wehren, ließ er sich nichts gefallen. Seinetwegen wurden sie oder Josef, ihr Mann, immer wieder in die Schule zitiert, weil er, was einmal vorgekommen war, einen Mitschüler biß oder dem Lehrer, einem, wie sie zugeben mußte, unangenehm strengen Mann mit durchaus sadistischen Zügen, nicht gehorchen wollte. Anton hätte sich, glaubte die Mutter zu wissen, leicht in der großen Stadt zurechtgefunden, er hätte nicht lange gebraucht, um sich im neuen Umfeld einzuleben und Freunde zu finden, mit denen er seine Streiche aushecken konnte. Doch Joseph Wagner, der Instruktor, hatte nur kurz seinen Kehlkopf abgetastet: Der Stimmbruch würde, sagte er, alsbald einsetzen, eine Ausbildung zum Kapellknaben mache keinen Sinn mehr.

So mußte sie, die Mutter, in dieser gottlosen Zeit ihren Jüngsten, wie sie meinte, opfern. „Ich muß meinen Gerti hergeben“, hatte sie den Sommer über, seit die Entscheidung gefallen war, immer wieder geklagt. Daß sie ihm, Gerhard, in Reichenberg nie eine solch umfassende Ausbildung ermöglichen könnten, versuchte sich Anna, unterstützt von ihrem Mann, einzureden, doch nichts half: Sie wußte, sie verlor ihren Sohn, der, auch das wußte sie, vom Heimweh geplagt werden würde. Und sie ahnte, daß sie zudem ihre anderen beiden Söhne, wenn sie nicht schon verloren waren, verlieren würde: An diesen „Malerg'sell“, dieses „vaterlandsscheue Individium“, wie ihr Vater, der Lokomotivführer, Adolf Hitler zu bezeichnen pflegte, und an den Krieg, von dem sie, angespornt von ihren Lehrern, begeistert waren.

Lothar, der Älteste und Besonnenste, ging nicht, obwohl sie, die Mutter, ihn dazu gedrängt hatte, zum „Christlichen Turnen“, wo er, was sie zugeben mußte, nicht wirklich gefordert worden wäre, sondern war dem „Deutschen Turnerbund“ beigetreten, der dann, nach der Besetzung des Sudetenlandes durch die Wehrmacht, sogleich von der Hitlerjugend übernommen worden ist: Als guter Läufer und Schwimmer nahm er immer wieder und oft erfolgreich an Wettkämpfen in Leipzig, Prag oder auch Wien teil.

Zusammen mit seinem jüngeren Bruder verfolgte er das Geschehen an den Fronten, registrierte er jeden der blitzartigen

Erfolge. Im Wohnzimmer hing, was ihr das Betreten des Raumes verleidete, eine Karte von Europa, auf der mit Fähnchen die Fronten abgesteckt, die eroberten Gebiete markiert waren. Und Toni führte, nicht nur weil es in der Schule vorgeschrieben war, ein Kriegstagebuch, in das er fein säuberlich alle einschlägigen Zeitungsberichte einklebte. Selbst den Volksempfänger hatte sie trotz ihrer Drohung „Radio ins Haus, ich außer Haus", die in die Familiengeschichte Eingang finden sollte, nicht verhindern können.

Während dieser Reise über Ebersbach, Schirgiswalde und Wilthen nach Dresden, der in den darauffolgenden viereinhalb Jahren viele weitere folgen würden, kam der Mutter, die immerzu ihren schmalen, alles andere denn robusten, leicht verletzlichen und am liebsten lesenden Sohn beobachtete, die Geschichte von Abraham, der seinen Isaak darbrachte, nicht aus dem Sinn. Und es schmerzte sie wieder, daß sie, weil sie vor zwei, drei Jahren schwanger über die Treppe gestürzt war, kein weiteres Kind mehr bekommen konnte, so auch keine Tochter, die sie sich sehnlichst gewünscht hatte.

I

Während des Dreißigjährigen Krieges, im Jahr 1632, sollen sich drei Brüder, die aus Schlesien, nach anderen Überlieferungen aus der Lausitz, nach Nordböhmen gekommen waren, in Reichenberg ansässig gemacht haben. Der eine war Färber, der zweite Weber, und der dritte, ein Wirt, nannte nicht nur, wie man sich erzählt, eine astronomische Uhr sein eigen, sondern studierte auch, wenn es ihm die Zeit erlaubte, die Sternbilder. Jeder der drei besaß, so die Legende, einen Zinnkrug: Sie standen beim Bruder auf der Schank und wurden von Generation zu Generation weitervererbt. Der letzte der drei Krüge gilt seit 1945, als die Familie zur Flucht gezwungen wurde, als verschollen.

„Die Biersterns", wie man sie ob des Wirtes auch rief, hatten über die Jahrhunderte keine unbedeutende Rolle in der Stadt gespielt. So führte der Zunftkelch der Tuchmacher, in dem die Namen der Meister eingraviert waren, im größten Medaillon einen Vorfahren der Familie, er hieß Friedrich, an. Ein anderer „Bierstern", Johannes Friedrich, war von 1790 bis 1815 Bürgermeister gewesen und hatte den Juden, deren Rechte stark eingeschränkt worden waren, gestattet, im seinem Haus, das in der Eisengasse gegenüber der Kirche lag, eine Garküche zu führen. 1848 erhielt ein „Bierstern" namens Josef eine goldene Verdienstmedaille, weil er als Schützenhauptmann die revoltierenden Arbeiter auf der Brücke, die über die Neiße führte, zurückgeschlagen hatte. Einem seiner Verwandten, dem Fabrikanten Ferdinand, wurden damals die mechanischen Webstühle zerstört.

Einem anderen, Franz Josef, Tuchmacher, wie so viele in der Sippschaft, war durch tragische Umstände nur ein einziger Sohn verblieben, den er 1866, als Österreich gegen Preußen in den Krieg zog, vom Militär loskaufte. Ferdinand Karl übernahm daraufhin die väterliche Manufaktur mit ihren fünfzehn Webstühlen in der Tischlergasse, verabsäumte es aber, den Betrieb zu modernisieren, was Jahrzehnte später dessen Untergang bedeuten sollte. Die Gesellen, die Nopperin und die beiden Spulerinnen arbeiteten bei ihm, so wird berichtet, im Akkord; der Monatslohn betrug drei Gulden, zu Weihnachten gab es einen Gulden extra und den Stoff für eine Weste. An den übrigen Festtagen, auch im Fasching, wurde Geld für Bier und Wurst verteilt. Auf seinem Grundstück errichtete Ferdinand Karl eine Voliere, um Nachtigallen und andere Vögel zu halten, die er schließlich dem Reichenberger Zoo, zu dessen Gründern er zählt, schenkte.

1873, im Alter von 27 Jahren, hatte er Karolina Anna Rohn geheiratet, die ihm zwölf Kinder gebar, darunter, als jüngstes, Josef, den Vater der drei Brüder. Ihn mußte Lina, die Älteste, versorgen, wofür sie sich, weil jeder Josef für ihr Kind hielt, sehr geniert habe. Später führte sie einige Jahre ein Geschäft mit Kurzwaren, ihr Mann war Aufseher in einer Textilfabrik. 1875 geboren und 1974 gestorben, sollte sie alle ihre Geschwister überleben.

Karl, Schlosser von Beruf, starb bereits mit 21 Jahren an Blutvergiftung in Folge einer Beinamputation. Der Nächstgeborene, Franz, ein Installateur, starb mit 26 an Blinddarmdurchbruch. Die Zwillinge Anna und Adolf wurden kein Jahr alt. Ferdinand Karl junior, nachmals Direktor bei den Vereinigten Färbereien in Röchlitz, wurde, laut Urkunde, in der Nacht vom 22. auf den 23. März 1879 geboren: Der Brand des nahegelegenen Theaters am Knappenberge versetzte der Mutter wie der Hebamme während der nächtlichen Entbindung einen solchen Schrecken, daß sie darüber vergaßen, die Uhrzeit der Geburt zu notieren.

Neben Emma, die als Bonne arbeiten sollte, Marie, die einen vermögenden Blinden heiratete, und Wilhelm, dem Bäcker, gab es noch zwei weitere Brüder. Sie dienten, wie auch Josef, im Ersten Weltkrieg der Habsburger Monarchie. Ernst, der beim Grafen Esterházy in Ungarn als Gärtner Obst, besonders Marillen, gezüchtet und in Reichenberg eine Lindenallee, die zur Artilleriekaserne führte, gepflanzt hatte, fiel gleich zu Beginn 1914 in Serbien, wo er als Späher vom Baum geschossen wurde. Gustav Karl wurde fünfmal verwundet, erhielt etliche Auszeichnungen, ging dann nach Wien, wurde Straßenbahnkondukteur und war, als er 1951 starb, zum dritten Mal verheiratet, was bei den katholischen „Biersterns" ein viel diskutiertes Novum war.

II

Josef, 1893 geboren, wurde als Infanterist schon nach wenigen Monaten am Fluß San in Galizien ein Fuß durchschossen, weshalb er sein weiteres Leben Maßschuhe tragen mußte. Wieder geheilt, kam er nach Bozen in Südtirol, wo er zumindest bis 1917 blieb. In der Festung Schneescharte war Louis Trenker, der ein unangenehmer Mensch gewesen sein soll, sein Vorgesetzter. Nach einem zweiwöchigen Heimaturlaub geriet der zum Funker ausgebildete Webmeistergehilfe Mitte Juli 1918 in Rumänien in den Zusammenbruch der Front. Beim Versuch, eine sogenannte „Hughes-Apparatur", ein Funkgerät, das äußerst wertvoll gewesen sein muß, vor dem angreifenden Feind zu retten, rammte ihm ein Kosake sein Bajonett tief in den Rücken. Den Schwerverletzten brachte man nach Hermannstadt in ein Krankenhaus, wo man allerdings nichts für ihn tun konnte. Ringend nach Luft und röchelnd konnte er nur beobachten, wie dem Bauer mit dem Bauchschuß neben ihm das Blut durch die Bahre in die Schüssel mit dem dunkelroten Borschtsch tropfte, die dessen Verwandten vorbeigebracht hatten. Als der Rumäne tot war, stürzten sich die übrigen Kranken, die, wie alle, Hunger litten, über die Speise.

Wilhelm, der Bäcker, der als Abenteurer beschrieben wird, machte sich, nachdem die Kunde von Josefs Verbleib in Reichenberg eingelangt war, nach Rumänien auf, um, so der Beschluß der Familie, seinen acht Jahre jüngeren Bruder heimzuholen. Er fand ihn mehr tot als lebendig, trug ihn, wenn er kein Pferdefuhrwerk ergattern konnte, am Rücken durch das revoltierende Ungarn oder schob ihn in einer Eisenbahnlore. Im offenen Viehwaggon kamen die beiden in Wien an, wo ihnen Gustav, der Straßenbahnkondukteur, half, einen Personenzug nach Prag zu bekommen. Am 3. Juni 1919 war Josef, so das Meldeblatt, zurück in der Vaterstadt.

Trotz aller häuslichen Pflege und dem mehrmonatigen Kuraufenthalt in Split, den er mit dem Erbe seiner Mutter finanzierte, sollte Josef, dem ein Lungenflügel verödet worden war, nie mehr vollständig genesen. Immer wieder eiterte die Wunde, und des öfteren brach sie auf. Doch er blieb ein äußerst geselliger, lebenslustiger Mensch, war Mitglied der Studentenschaft „Saxa Bohemia" sowie des Turn- und des Gesangsvereins: Weder ließ er sich etwas von seiner Verletzung anmerken noch das Rauchen verbieten.

Bei einem Sängerfest, das in Wien stattfand, traf er Anna wieder, die er schon vor dem Weltkrieg in Reichenberg kennengelernt hatte. Dorthin, in diese Stadt nahe der polnischen Grenze, war ihr Vater Ferdinand, der Lokomotivführer, für einige Jahre strafversetzt worden. Er hätte, heißt es, das Tor einer Remise angefahren, die Zurechtweisung des Vorgesetzten aber als derart ungerechtfertigt empfunden, daß er ihm ins Gesicht sagte, er könne ihn am Arsch lecken. Die fristlose Entlassung, die bereits ausgesprochen gewesen sein soll, wäre nur deshalb rückgängig gemacht worden, weil die Mutter „kniefällig", wie man erzählt, darum gebeten habe. Schließlich gab es neben Anna, am Tag vor Silvester 1894 geboren, mit Martha und Roman noch zwei weitere Kinder, die zu versorgen waren.

Josef, der für zweieinhalb Jahre in Prag Arbeit gefunden hatte, kam, wann immer es möglich war, nach Wien, wo, ein günstiger Begleitumstand, die Kronen, die er verdiente, weit mehr wert waren. Zwar warb auch sein Bruder Gustav, der Straßenbahnkondukteur, um Anna, doch sie entschied sich für Josef, den großgewachsenen Mann mit den markanten Gesichtszügen, der in seinem Inneren alles andere denn hart gewesen sein muß. Sie ließ sich von ihrem Entschluß nicht abbringen, auch nicht, nachdem der Hausarzt sie wohlmeinend beiseite genommen hatte, um ihr, dem Fräulein Werner, zu sagen, sie heirate „einen kranken Mann".

Die Hochzeit fand am 15. April 1923 in Wien-Brigittenau statt, vier Tage später bezog das Ehepaar in einem Miethaus der Reichenberger Ehrlichstraße, in dem auch Josefs älterer Bruder Ferdinand mit seiner Familie lebte, die Wohnung im Hochparterre rechts. Parallel zur Bahnhofstraße und, wie diese, abschüssig hin zur Neiße, dem Fluß, eher Bach, der durch Reichenberg fließt, sah man von dort in der Ferne das neugotische Rathaus, den Turm der Kreuzkirche und die übrige Altstadt, die sich über mehrere Erhebungen erstreckt. Wandte man den Blick auf die andere Seite, war der kegelförmige Jeschken zu sehen, mit einer Höhe von über tausend Metern der imposanteste Gipfel neben der Schneekoppe.

III

Eigentlich gab es keinen Grund zur Klage. Schon vor der Hochzeit, im November 1922, hatte Josef in Reichenberg eine Stelle als Verkäufer technischer Artikel angenommen, die nicht schlecht entlohnt wurde. Nach drei Monaten Ehe war Anna in anderen Umständen. Sie war glücklich darüber, und doch litt sie, die Wienerin, bisweilen unter der Enge und Kleinbürgerlichkeit, auch unter der Sparsamkeit, die ihr auferlegt war. Als sie wieder einmal ihre Sehnsucht nach der Großstadt klagte, meinte Lina, ihre älteste Schwägerin, lapidar, sie käme noch früh genug dorthin: „Wien bleibt stihn!"

Lothars Geburt kündigte sich am 28. April 1924 bei einem Spaziergang rund um den Gondelteich an, den Anna mit ihrer eigens aus Wien angereisten Mutter und Josel, wie sie ihren Mann nannte, unternahm. In der gleichen Klinik, fast zur gleichen Zeit, kam auch Alfred Horn junior zur Welt, dessen Eltern, die einen Baustoffhandel betrieben, ebenfalls in der Ehrlichstraße direkt gegenüber wohnten. Alfred wurde schon bald Lothars liebster Spielkamerad, was auch zu einer engeren Bekanntschaft der Mütter führte, die sich vertiefte, als beide fast gleichzeitig wieder schwanger wurden. Frau Horn, eine gebürtige Amerikanerin, die ihren Mann während einer Europareise kennengelernt hatte, gebar Dorothee, die jeder nur Dorly rief, und Anna am 25. Oktober 1926 Anton. Drei Jahre später, am 5. Dezember 1929, wurde, obwohl die Mutter inständig um eine Tochter gebetet hatte, mit Gerhard der dritte Sohn geboren. Zu diesem freudigen Ereignis kaufte Lothar, mittlerweile fünfeinhalb Jahre alt und für die Verwandten in Wien nur der „Bibi", seiner Mutter einen winzigen Porzellanelefanten, den er auf dem Heimweg so lange aus seiner Hosentasche nehmen und mit Stolz betrachten mußte, bis er ihm zu Boden fiel.

Wenige Wochen später, am 20. Dezember, starb sein wegen Kriegsanleihen verarmter Großvater Ferdinand Karl, der die Rettung des Vaters aus Rumänien aufgetragen hatte. Weihnachten 1929 war daher kein fröhliches Fest. Und nicht nur Weihnachten. Denn der Druck, auch der wirtschaftliche, auf die deutschsprachigen Bürger wurde immer größer. Obwohl in Reichenberg der Anteil der tschechischen Bevölkerung gering war, hatten die Deutschen kaum eine Chance auf eine Stelle im öffentlichen Dienst. Mit Ausbruch der Weltwirtschaftskrise, die sich bis 1936 hinziehen sollte, verschlimmerte sich noch die Situation. Von den 600.000 bis 700.000 Arbeitslosen der Tschechoslowakei sollen drei Viertel Deutsche gewesen sein. Vielfach wurden, schreibt Emil Franzel in seiner „Sudetendeutschen Geschichte", nur die nach schlechteren Tarifen entlohnten Frauen beschäftigt, während die arbeitslosen Männer daheim die Hausarbeit verrichteten. Es hätte Gemeinden gegeben, in denen die Zahl der Arbeitslosen zwei Drittel der Einwohnerzahl erreichte, sodaß faktisch neun Zehntel der Erwachsenen ohne Arbeit waren: „Bettelei, Landstreicherei, Schwarzarbeit nahmen überhand."

In Reichenberg zählte man damals, ist in einem Heimatbuch nachzulesen, 270 Selbstmorde pro 10.000 Einwohner. Auf einen tschechischen Arbeitslosen seien sechs deutsche gekommen. „Die Verhältnisse in dem Gebiet Reichenberg, Gablonz und Friedland sind einfach katastrophal", heißt es in einem Bericht aus 1933, den zwei Tschechen, ein Professor Nejedly und der Schriftsteller Karel Čapek, nach einer Studienreise verfaßt haben sollen. „Die Industrie ist zum größten Teil vernichtet, die Maschinen sind entweder verkauft oder demoliert. Es gibt Fabriken, die alten Burgruinen gleichen. Es herrscht vollständige Hungersnot. 90 Prozent aller Kinder sind unterernährt. Wir sahen Arbeiter, die schon sechs Jahre keine Arbeit mehr haben."

IV

Für die Kinder in der Ehrlichstraße blieb die Welt anfangs noch heil. Der Lagerplatz der Firma Horn mit all den Planken, den Kies- und Sandbergen war, weil er sich herrlich zum Versteckspielen und für Abenteuerreisen eignete, das liebste Refugium, und später, ab Herbst 1930, wurden Alfred und Lothar von Frau Horn morgen für morgen mit deren Ford T Modell zur sogenannten Übungsschule gebracht, einem privaten, nach modernsten pädagogischen Erkenntnissen (und ohne die damals noch übliche körperliche Züchtigung) geführten Institut, dessen Besuch kostenpflichtig war.

Doch Baustoffe ließen sich, weil das Gewerbe praktisch zum Erliegen gekommen war, immer schwerer verkaufen. Die Firma Horn mußte Mitte der 30er Jahre den Ausgleich beantragen, die Familie übersiedelte nach Wien, später nach Mauerkirchen in Oberösterreich, wo sie seither Kinderwägen produziert.

Zuvor schon, im Frühjahr 1932, verlor auch Josef, nunmehr Vater dreier Söhne, seinen Posten. Seinen Brüdern, die noch in Reichenberg lebten, ging es nicht viel besser, von ihnen war keine längerfristige Unterstützung zu erwarten. Er wurde da wie dort vorstellig, war wochenlang in Reichenberg und Umgebung unterwegs, doch die Aussicht, irgendwo unterzukommen, schwand mit jedem Tag. Um ein wenig Geld zu verdienen, bemalte Josef, der wunderbar feine Ornamente und naturalistisch Blumen zeichnen konnte, bei einem Kameraden aus dem Krieg, dem Konditor am Altstädter Platz, Ostereier.

Einmal, als er gesenkten Hauptes auf dem Weg nach Hause darüber nachdachte, in der Not – welch wahnwitzige Idee! – einen eigenen Laden aufzumachen, fand er auf dem Boden eine Medaille mit der Gottesmutter Maria. Tief gläubig war er zwar nicht, er hielt es eher wie die Bürger, die zu „Ustern, Weihnachten und Pfingsten ei de Kerche“ gingen, aber er nahm, bestärkt von seiner Frau, den Fund als Zeichen: Fast ohne Kapital eröffnete er am 16. September in der eher abseits gelegenen Birgsteingasse, die steil auf den Galgenberg, einst Richtstätte und noch immer Friedhof, führte, ein winziges Geschäft. Neben Werkzeugen und technischen Geräten, mit denen er sich auskannte, bot er auch Haushaltsartikel wie Seifen und Waschmittel, Bürsten und Besen an, damit, auch wenn die Spannen gering waren, „immer etwas in der Kassa ist“.

Die Familienmitglieder und Sangesbrüder kauften natürlich, wenn möglich, bei ihm ein. Am Vormittag stand Josef im Laden, am Nachmittag, während er Kontakte zu Firmen pflegte und Vertreterbesuche machte, seine Frau. Für die Buben blieb daher kaum Zeit. Gerhard, der Jüngste, kam tagsüber ins Waisenhaus, ebenfalls am Galgenberg gelegen, wo er litt und viel weinte. Zu Mittag, nach dem Kindergarten, wurde auch Anton dorthin gebracht; oft gab es Milchreis, der abscheulich geschmeckt haben soll.

V

Lothar, den Ältesten, übernahmen für zwei Jahre die Wiener Großeltern, die keine harmonische Ehe geführt haben dürften. Ferdinand, der Lokomotivführer, ein breitschultriger, gedrungener Mann, saß Abend für Abend in der Gastwirtschaft Hacker neben der Nordwestbahn. Er hätte immer nach Virginia-Tabak und Wein gerochen, von dem auch Rolli, der Hund, zu trinken bekommen habe, und soll es einmal, wird erzählt, auf sechzehn Viertel gebracht haben. In der Rauscherstraße, wo die Großeltern wohnten, hatte er getrennt von Marie, seiner Frau, die ihn als beißwütigen Wachhund bezeichnete, zu schlafen.

Im hinteren Flügel des Zinshauses lebte ein serbischer, von Ferdinand nicht eben geschätzter Zuckerbäcker, mit dessen Tochter Lothar gerne spielte. Sie wurde von Lothars Großmutter, die als sehr freigiebig beschrieben wird, hin und wieder verpflegt. Als die Asylantenfamilie ausgewiesen werden sollte, erhängte sich der Mann am Fensterkreuz.

An den Wochenenden blieb Lothar, der die Volksschule in der Brigittenau besuchte, oft bei Tante Marti und ihrem Mann Manfred, einem 1923 zwangsabgebauten Bahnbeamten, die in der Gersthofer Salierigasse recht bürgerlich wohnten. Dorthin kam auch Cousine Elfi, die gleichaltrige Tochter von Onkel Roman, der in Leopoldsdorf eine Zuckerfabrik leitete, zu Besuch. Für die meisten waren die beiden ein Geschwisterpaar.

Auch wenn der Großvater mitunter mürrisch war, kümmerte er sich doch um Lothar und unternahm mit ihm viele Spaziergänge. Den Enkel beeindruckten die unerschrockenen Männer, die im Winter in der Donau schwammen, und auf dem Weg zu den Baumgarths nach Gersthof – vorbei am Kaiser-Franz-Josef-Bahnhof und der Markthalle, die Währinger Straße entlang, über den Gürtel und den Aumannplatz hinaus – passierten sie einige Zeit auch die Barrikaden, die während des Dollfuß-Aufstandes im Februar 1934 errichtet worden waren. Die Großstadt machte Lothar immer wieder staunen. Er fühlte sich zudem viel kleiner als in Reichenberg, wo er, im Gegensatz zu Wien, die Straßenbahngeleise ohne Probleme überspringen konnte. Daß dies nur an der unterschiedlichen Spurweite lag, wurde ihm erst Jahre später klar.

VI

Trotz der vielen Arbeit, die Anna wie eine Prüfung auf sich nahm, erzählte sie den Buben am Abend Geschichten, nicht nur die Märchen der Gebrüder Grimm, die sie in allen Einzelheiten kannte, sondern auch andere, unbekannte, die zum Beispiel im Nebel spielten und sehr unheimlich waren, sowie Erlebnisse aus ihrer Kindheit in Wien. Eine dieser Anekdoten blieb, weil Anna sie Jahrzehnte später zu Papier brachte, erhalten:

Als das Christkind zu Moritz kam.

Wir waren Großstadtkinder, und Moritz war unser Freund. Wenn wir im Sommer im Park spielten, so war es Moritz, der die schönsten Auszählreime beim Fangerlspiel wußte. Flog uns der Ball beim Spielen in den gepflegten Rasen, so holte ihn uns Moritz zurück. Dazu gehörte schon etwas Mut, denn das Betreten des Rasens war damals streng verboten. Der Parkwächter, ein alter Invalide aus dem Sechsundsechziger-Krieg mit einem Holzbein, sorgte streng für Ordnung. Schrillte seine Pfeife, dann hatte er gewiß einen Übeltäter erblickt. Wir Kinder hatten einen großen Respekt und fürchteten ihn sehr.

Meistens war unsere Mutter mit im Park. Sie saß mit ihrem Strickwerk auf einer Bank, und wir fühlten uns in ihrer Nähe geborgen. Im Herbst, wenn es kalt und rauh wurde, nahm das Spielen im Park ein Ende. Die Zeit der Spaziergänge begann. Später, als der Advent nahte, führte uns der Weg natürlich immer in die geschäftsreichen Straßen. Wir standen bewundernd vor den schönen Spielzeugläden und wünschten uns jeden Tag etwas anderes. Moritz war immer dabei.

Adventkalender und Adventkränze gab es zu dieser Zeit noch nicht, auch kein Radio, welches den Kindern schöne Geschichten erzählt. Aber wir waren darum nicht ärmer. Unsere gute Mama führte uns in das Reich der Märchen ein. Natürlich erzählte sie uns auch vom Jesuskind, das nun bald zu den Kindern kommen würde. Wenn es Abend wurde und die Petroleumlampe angezündet war, dann verhielten wir uns alle brav und eifrig, halfen so fleißig, daß es eine wahre Freude war. Das Christkind sollte doch unseren guten Willen sehen!

Moritz war oft bei uns und hörte den Erzählungen unserer Mutter zu. Als er schließlich auch einmal sagte: „Und ich wünsche mir …“, da kam es wie aus einem Munde von uns Geschwistern: „Moritz, Du darfst Dir nichts vom Christkind wünschen, Du bist ja ein Judenbub!“ Das hatte nichts mit dem schrecklichen Antisemitismus zu tun, der später so verheerende Folgen haben sollte. Er war ja unser Freund! Aber wir wußten schon, daß es Unterschiede gibt.

Moritz ging natürlich nicht ein, daß er sich nichts wünschen durfte, wo er sich doch genauso wie wir bemühte, brav zu sein. Die Mama erzählte außerdem immer, daß das Christkind niemanden in seiner Liebe vergißt. Traurig war er still. Tatsächlich, während wir in der Wohnung in der Adventzeit manchmal ein Engelshaar oder ein Zuckerl fanden, das offenbar die himmlischen Geister bei uns verloren hatten, konnte Moritz in der Wohnung seiner Eltern niemals ein solches Zeichen finden.

Der Weihnachtsabend war endlich da. Das Christkind waltete in einem abgeschlossenen Zimmer, wir glaubten seinen Flügelschlag zu hören. Moritz saß wieder bei uns, und wir sangen, wenn auch falsch – die Großen hatten für uns keine Zeit –, Weihnachtslieder. Da trat Moritz plötzlich zu der Türe hin, hinter der er das Christkind vermutete, und sagte: „Liebes Christkind, bitte, bring mir etwas, wenn ich auch mosaisch bin.“ Darauf das Christkind: „Aber Moritz, Du hast ja so schmutzige Hände!“ Da rannte der Bub, so schnell ihn seine Füße trugen, heim – er wohnte nebenan – und kam binnen weniger Minuten sauber gewaschen und mit einer reinen Bubenschürze wieder zurück.

Das endlose Warten auf das Christkind nahm kein Ende. Unsere Mama meinte, wir sollten doch schauen, ob schon der erste Stern am Himmel stünde. Während wir zum Fenster hinausschauten, läutete es, die Türe zum Weihnachtszimmer tat sich auf: O, Du selige Zeit! Wir jubelten und sagten unter Freuden unser Gedicht auf. Moritz stand allein. Da nahm unsere gute Mama das Kind bei der Hand und führte es zu einem kleinen Tisch mit bescheidenen Gaben. Seine Augen leuchteten vor Freude: Das Christkind hatte auch an ihn gedacht! Da trat er vor die Krippe, die unter dem Christbaum stand, faltete die Hände in Dankbarkeit und sagte: „Du gutes Christkind, ich danke Dir." Und er war sicher der Glücklichste unter uns.

Abgesehen von dieser Begebenheit ist noch ein Satz von Moritz' Mutter überliefert. Sie hatte Marie, die sich an der Bassena über ihren Mann, den Lokomotivführer, beklagte, weil er, ohne sich etwas dabei zu denken, der Messe in einer altkatholischen Kirche beigewohnt hatte, mit den Worten zu trösten versucht: „Aber, Fro Werner, wir globen doch alle an einen Gott und sind doch alle seine Kinder."

VII

Das Prinzip des Vaters, nicht die billigsten, sondern die besten Werkzeuge zu vertreiben, die er aus Schweden, England und Deutschland bezog, ging auf. Zudem hatte Josef seine Kniffe: Über einen Schmuggler, einen sogenannten „Pascher", kam er als erster, ohne die langwierigen Importgenehmigungsverfahren abwarten zu müssen, an die Novitäten und Musterkollektionen der Leipziger Messe. Bereits ein Dreivierteljahr nach Gründung der Firma konnte er ein größeres Geschäftslokal pachten, das sich in der Hafnergasse Nummer 9, zwischen Neiße und Tuchplatz gelegen, befand. Der „Porzellan-Sigmund", der Besitzer des barocken, von einem geschwungenen Walmdach gekrönten, zweistöckigen Hauses, hatte seinen Laden aufgrund anhaltend schlechter Umsätze verkleinern müssen, zudem stand direkt darüber eine Drei-Zimmer-Wohnung frei, die sich für die Familie geradezu anbot. Als Anna das rechteckige Stiegenhaus betrat und das Fresko an der Decke, das einen auf die Erde herabblickenden Jesus Christus darstellte, sah, war die Entscheidung gefallen. Am 1. Juni 1933 fand der Umzug statt.

Zum Geschäft führten ein paar Stufen hinunter, es war ein länglicher Raum, auf der linken Seite lagen in Regalen die Haushaltswaren, auf der rechten die technischen Artikel. Quer dazu schloß das Büro, ein kleiner Raum mit ebenfalls dunklem Bretterboden, an, über einen Gang kam man zur Küche. Das Kinderzimmer zierte ein Fries mit Märchenlandschaften und -figuren. Der Balkon ging zum „Hinterhof", in dem der „Porzellan-Sigmund" eine Flaschenabfüllerei für Bier und Limonade betrieb. In einer Ecke stellte Josef Ställe für vielleicht acht Hasen, die zu den Festtagen geschlachtet wurden, und die Meerschweinchen der Söhne auf. Auch gab es einen verwilderten Garten mit Obstbäumen, aus dem die Kinder, gedeckt von „Mädi", der Tochter der Sigmunds, Kirschen und Pflaumen stahlen.

Gemeinsam unternahmen sie, allein schon wegen des Altersunterschiedes, nicht allzu viel. Gerhard wurde von seinen Brüdern gerne und zum Ärger des Vaters, der „den Kleenen" immer in Schutz nahm, aufgezogen. Sie nannten ihn, weil eine Ader sichtbar über seinen Bauch lief, „Blaubauch" oder spotteten, weil sein Haar scheitellos nach allen Seiten fiel, über das „Kanakendach".

Aus dem alten Kinderwagen bastelten die beiden älteren Brüder mit Hilfe des „Nemetz-Schmiedes" ein steuerbares Seifenkistl, mit dem sie die abschüssige Straße, die durch das langgestreckte, jenseits des Jeschkens liegende Kriesdorf führte, ohne Bremsen zu bewältigen suchten. Nur der unerschrockene Toni schaffte dies; Lothar suchte, wenn ihm die Geschwindigkeit zu hoch wurde, sein Heil im Straßengraben.

Zu Hause gab es eine Eisenbahn zum Aufziehen, mit der Gerhard spielte, und jede Menge Soldaten aus Papiermaché, mit denen die beiden älteren Brüder immer wieder den Krieg der Italiener, die für den Vater wegen ihres Bündnisbruches 1915 nur die „Katzelmacher" waren, gegen die Abessinier nachstellten, zu denen sie, wenn auch erfolglos, hielten. Und obwohl der Jüngste oft nur stören konnte und eher lästig fiel, nannten sie sich, ohne Wissen um die historische Bedeutung des Wortes, einen unzertrennlichen „Dreibund".

Am Abend, wenn die Eltern aus waren, erzählte Lothar seinen Brüdern oft selbsterfundene Geschichten vom geizigen, ungepflegten Prokop, die sie kaum Einschlafen ließen. Hinter dem Haus lieferten sie sich freundschaftlich-erbitterte Schlachten mit den tschechischen Buben von nebenan, im Sommer bildeten die Sonnenblumen aus dem Garten Schwert wie Schild, im Herbst waren die Kastanien hervorragende Wurfgeschosse. Zu den Lieblingsbeschäftigungen zählte auch der „Freiturn", der besonders viel Spaß machte, wenn es heftig geregnet hatte: Bekleidet mit Turnhosen, die sehr schön gewesen sein sollen, sprangen sie in den Pfützen um die Wette und maßen ab, wer dabei am weitesten spritzen konnte.

Auf der anderen Seite des Hofes, hinter der Abfüllanlage, lag das Waschhaus, in dem, zum Leidwesen der Mutter, gerne die Hühner herumstakten. Mit der letzten, noch warmen Lauge wurden immer auch die Buben gebadet, die Anna, damit sie nicht wieder schmutzig würden, Huckepack zurück ins Haus trug. Wenn es bereits finster war, hielten sie einen Topf in der Hand, in dem sie eine Kerze angezündet hatten, und ließen sich durch die Nacht „kutschieren".

Am Sonntag, nach dem Gottesdienst, den die Mutter mitunter allein besuchte, unternahm die Familie häufig Wanderungen mit dem Turnverein Jahn, der im Isergebirge eine „Baude", eine nur am Wochenende bewirtschaftete Hütte, besaß. Die Buben fragten sich lange Zeit, wo denn die Indianer seien, denn wenn der Vater undeutlich von der „Jahner-Baude" sprach, verstanden sie in Unkenntnis des Turnvaters „Indianer-Baude". Die Frauen kochten dort gemeinsam, die Männer ertüchtigten sich. Es wurde auch viel gesungen.

Josef konnte die Vereinsbrüder immer prächtig unterhalten; überliefert ist ein Foto, das ihn bei der Studentenverbindung „Saxa Bohemia" als Josephine Baker – mit einem Bananenröckchen über dem schwarzen Trikot – zeigt. Zu Silvester gab es Feste, auch in der Hafnergasse, bei denen Schattenspiele gezeigt wurden. Einmal, das blieb in Erinnerung, nahm man mit einer martialischen Säge eine Operation vor, bei der dem Bauch des Patienten die unmöglichsten Gegenstände – diverse Werkzeuge und sogar ein Besen – entnommen wurden.

Im Frühling, zwei Wochen vor dem Palmsonntag, zogen die Kinder, um den Winter zu vertreiben, mit einer „Hucke", einer großen, an den vier Enden zusammengebundenen Serviette durch die Nachbarschaft und sagten allen, die ihnen die Türe öffneten, ein Sprüchlein auf, das Josef in seinem mit viel Liebe ausgeschmückten Fotoalbum niederschrieb: „Mei, liebr Mei, beschier uns Kas und Ei, eine gude Bottermecke, dos mr ken die Kuchn kleckn. Schiehaus, Schiehaus, kuckt eine schiene Jumgfr raus, wort sich wul bedenken, wort uns wul wos schenkn. Ei Schouk, zwei Schouk, hundert Tola drene, Tut homo rausgetriebn, n liebn Summr brengma wiedr. Mei stock mr eide Are, dos mr reich und seelich warn." Wenn die Kinder dann ihre Hucke voll mit Zuckersachen bekamen, bedankten sie sich: „Mr dankn, mr dankn, ihr liebn Leute, s Himmlreich soll eur sein, de himmlische Krone soll euch belun." Wenn die Kinder aber, was so gut wie nicht vorkam, leer ausgingen, dann schimpften sie: „Meck, meck, meck, Ziegnbouck, dou henne woun geitsche Leute."

VIII

Zumindest an einen Muttertag Mitte der 30er Jahre gibt es eine Erinnerung, und das auch nur, weil Anna diesen, einen „Muttertag mit Hindernissen", in einer ihrer Erzählungen beschrieben hat:

Die Buben waren damals noch Kinder. Der Kalender hätte es nicht anzeigen brauchen, ihre strahlenden Augen genügten, um mir zu sagen, daß der Muttertag und mit ihm eine Überraschung vor der Tür stand. „Wirst Du Dich auch freuen, Mutti?", fragten sie oftmals am Tage zuvor.

Der Muttertag war da. Am Morgen ging alles wie am Schnürchen. Mein Mann war zeitig aufgestanden, die Buben noch früher. Kein Ermahnen war notwendig, kein Antreiben „Toni, Zähneputzen!" oder „Lothar, Du bist noch nicht gekämmt!" – Nein, alle standen schon gewaschen, gekämmt und angezogen vor mir, eine wahre Freude. Es war eben Muttertag. Ich sollte verwöhnt werden, und so machte ich mich an diesem herrlichen Frühlingstag, der ein besonderes Geschenk des lieben Gottes an die

Mütter zu sein schien, auf den Weg zur Kirche. Am Heimweg plauderte ich dann noch mit anderen Müttern. Wir hatten es heute nicht eilig. Wir konnten uns Zeit lassen, denn für uns wurde ja zu Hause alles vorbereitet.

Als ich die Haustüre öffnete, drang mir der Geruch von Angebranntem entgegen. War die Milch übergegangen, oder der Kaffee? Ich ahnte nichts Gutes. „Aber was macht das schon aus", dachte ich mir, „derartige kleine Pannen sind schnell behoben." Woher sollte mein Mann Kaffee kochen können, er hatte sich schließlich nie darum kümmern müssen. So wollte ich den guten Willen für die Tat nehmen. Als sich die Wohnungstüre öffnete, sah ich meinen Mann mit einem halb verlegenen, halb lächelnden Gesicht vor mir. „Meine Mutter hatte zwölf Kinder, aber damals gab es keinen Muttertag. Nur ich muß mich heute so plagen", klagte er. Die Küche glich einem Schlachtfeld. Ich tröstete ihn und machte schnell Ordnung.

Da hörte ich schon aus dem angrenzenden Zimmer die Stimmen der Kinder: „Mutti, Du kannst kommen!" Da eröffnete sich mir die zweite Überraschung: Im Zimmer war eine Fensterscheibe zerbrochen, die Blumenvase lag am Boden, der Teppich stand voll Wasser, und die Vorhänge hingen nur notdürftig an den Karniesen. Inmitten dieses Chaos standen auf dem Tisch zwei Vogelkäfige mit je einem Wellensittich, von Blumen umgeben.

Mein erster Gedanke war: „Lieber Gott, heute nur keinen Besuch!" Ich mag wohl ein recht verstörtes Gesicht gemacht haben, da umfing mich meine kleine Schar mit so freudigen, glücklichen Gesichtern, daß mein Ärger schwinden mußte. „Gel, Mutti, Du freust Dich doch", klang es an mein Ohr. „Wir haben Dir Wellensittiche geschenkt. Aber als wir alles schon aufgebaut hatten, flog der eine Vogel aus seinem Bau heraus. Wir haben alle zusammengeholfen, ihn einzufangen; es war gar nicht leicht. Vati nahm den langen Besen zur Hilfe, und da ging die Scheibe entzwei, und der Vorhang wurde heruntergerissen. Als wir ihn endlich wieder im Käfig hatten, stieß Gerhard zu guter Letzt noch die Vase um. Da Du schon kamst, konnten wir nicht mehr Ordnung machen. Aber schau Dir nur die schönen Vögel an, wie lieb sie sind.“

Was konnte ich anderes tun, als mich bei so viel ehrlicher Liebe freuen. Sie hatten sich alle große Mühe gegeben, um mir einen schönen Muttertag zu bereiten. Ich bewunderte die Vögel, gab den Blumen, welche die Kinder am Vortag auf der Wiese gepflückt hatten, Wasser und kochte frischen Kaffee. Wir frühstückten, und einer der Buben meinte, wenn Mutti Kaffee koche, schmecke es doch am besten.

Den beiden Wellensittichen sollte kein langes Leben beschieden sein. Der eine konservierte sich auf makabre Art selbst: Er landete des Nachts, keiner weiß wie, in der tiefen Schüssel mit der eben gekochten, noch flüssigen Sülze und erschreckte Anna, die am nächsten Morgen als erste die Küche betrat, derart, daß die Brüder, die durch ihren gellenden Schrei schlagartig aus dem Schlaf gerissen wurden, zu Hilfe eilten. Den zweiten Wellensittich bekam, während die Familie zu Allerseelen 1936 am Friedhof war, der reinrassige Langhaardackel namens Struppi zu fassen. Stolz und schwanzwedelnd präsentierte er den Heimgekehrten seine Beute, deren Federn links und rechts aus dem Maul ragten.

Diese Untat, die man dem kleinen Hund, den der Vater in Pflege genommen hatte, kaum zugetraut hätte, war nicht die einzige. Zuerst zerfetzte er die Couch in der Küche, wo ihm sein Platz angewiesen worden war, um hierauf, weil Anna wohlweislich alle Textilien sicher verwahrte, den Bodenbelag in Streifen zu reißen. Zu Weihnachten schließlich fehlten bei der Bescherung aus vorerst unerfindlichen Gründen die Hausschuhe, das Geschenk für den Großvater aus Wien, der damals zum ersten und, weil er bald darauf starb, letzten Mal in Reichenberg zu Gast gewesen ist. Der zerstörungswütige Dackel wurde, nachdem er als Dieb ausgeforscht worden war, weggegeben. Bei seinem nächsten Besitzer hat er, erzählt man sich, sogleich das Rundfunkgerät demoliert.

IX

Von Hochzeiten abgesehen, trafen sich die „Biersterns" so gut wie nicht. Aber zu den Feiertagen, insbesondere zu Weihnachten und zu Neujahr, gab es die Sitte des „Festtagwünschens", bei dem man den Verwandten seine Aufwartung machte. Josef besuchte mit der Familie immer auch Bruder Ferdl, den Direktor der Färberei, der ein gut-, fast schon großbürgerliches Leben führte und mit Anton, dem Blinden, gerne Sketche und Lieder schrieb, die auch öffentlich aufgeführt wurden. Er hatte als einer der ersten ein Radio, und vor der Eingangstür gab es einen Fußabstreifer in Form einer Bürste, an dem sich die Buben, oft in Matrosenanzüge gesteckt, die Schuhe abputzen mußten, bevor sie die Wohnung betreten durften. Sie riefen ihn, der mit Tante Toni, einer eher behäbigen, immer freundlich lächelnden Frau verheiratet war und zwei schon etwas ältere Töchter hatte, nur „Onkel Pferdl" – einfach weil es lustig klang.

Von Ferdinand, der nebenbei mit Textilien und Kollektionen handelte, bekamen die Frauen zu Weihnachten zumeist eine Kombination geschenkt. Und Josef machte man die größte Freude, wenn man ihm ein Stück vom teuren Aal, den er für sein Leben gerne aß, bescherte. Er wußte sich auch zu revanchieren: Brachte ihm etwa Christa, Ferdls jüngere Tochter, an „Josefi", seinem Namenstag, die ersten Veilchen im Geschäft vorbei, zauberte er stets aus der Schreibtischschublade eine kleine Aufmerksamkeit hervor.

In der Weihnachtszeit gingen die Kinder gerne „Kripperl anschaun“ und besuchten so auch Wilhelm, den Bäcker, der in seinem Laden eine ganz besonders naturalistische Krippe stehen hatte: Durch die Landschaft floß, und das war besonders faszinierend, ein kleiner Bach, gespeist aus einem unter dem Tisch verborgenen Bottich.

X

Der Firma ging es trotz der katastrophalen wirtschaftlichen Situation in den Sudetenländern nicht schlecht. Das einzige Geschäftspapier, das erhalten geblieben ist, listet all die Artikel auf, die Josef „ab Lager Reichenberg“ lieferte: Spezialwerkzeuge für Elektroinstallateure, Radiohändler, Automechaniker und die Holzbearbeitung, Installationsbedarf, Schweißmaterial und -brillen, Asbestwaren, Klingeritplatten und -ringe, Manometer, Schleifscheiben, Lötmittel und Industriediamanten, Öle und Fette, Metallschläuche, Gummiwaren, Preßspan, Glimmer, Vulkanfibre in Platten und Stäben, Kesselbedarf und Rohrreiniger, Gumoid und Trolit, Poliergeräte, Präzisionsfeilen, Celluloid und Celeron. „Den Nutzen hat immer derjenige, der beim Einkauf der Qualitätsware den Vorzug gibt!“, steht in der linken oberen Ecke. Die Fernsprechnummer, auf die noch zurückzukommen sein wird, lautete 3662.

Schon bald konnte Josef Angestellte aufnehmen. Es gab zum Beispiel den „Geschäftsdiener Edi“, einen unterhaltsamen, sehr lernfreudigen Burschen, der Gerhard morgens zum Kindergarten, ab Herbst 1936 in die Schule brachte. Er wohnte im sogenannten „Scheissgebirge“, einer verlotterten Gasse hinter der Kreuzkirche, und hat, was erst später ans Tageslicht kam, Geld unterschlagen. Der Schaden wurde zwar beglichen, dennoch war Josef von seinem ehemaligen Lehrling, auf den er sehr viel gehalten hatte, enttäuscht. Im Zweiten Weltkrieg sei Edi, heißt es, beim Versuch, einen Kameraden zu retten, gefallen.

XI

Am 10. Mai 1935 hatte Konrad Henlein, einst Bundesturnwart, mit der von ihm gegründeten „Sudetendeutschen Partei“, einer „nationalen Sammelbewegung“, einen unvermuteten Wahlsieg davongetragen. Doch man band ihn und seine Mitstreiter nicht in die große Koalition ein, im Gegenteil: Die Schikanen der Polizei wurden schärfer, Hausdurchsuchungen willkürlich angesetzt, die Tschechisierung ging weiter. Der Unmut der deutschen Bevölkerung wuchs, die „Sudetendeutsche Partei“ legte beim Völkerbund ihre Beschwerden vor.

Im Herbst 1935 trat Staatspräsident Thomas Garrigue Masaryk, der an Gehirnverkalkung litt, zurück. Ihm folgte Edvard Beneš nach. Als er, kurz nach seinem Amtsantritt, Reichenberg besuchte, wirkte die Stadt wie ausgestorben: Kein Deutscher stand am Straßenrand, um ihm in seiner schwarzen, von einer Reitereskorte flankierten Limousine zuzuwinken, die Fensterläden waren verschlossen, und verstohlen verfolgte man hinter den Jalousien die Demonstration der Macht. Anna aber, die Präsidentin des katholischen Frauenvereins, mußte, was die übrige Familie erheiterte, wie alle anderen Honoratioren zum offiziellen Empfang ins Rathaus. Beneš habe ihr, erzählte sie danach, die Hand geschüttelt und gesagt: „Es ist mirrr aine grossse Fraide."

XII

Trotz der Versprechungen von tschechischer Seite, die Stellen im öffentlichen Dienst künftig nach dem Bevölkerungsschlüssel zu vergeben und erlittenes Unrecht im Rahmen des Möglichen gut zu machen, änderte sich so gut wie nichts. Als gewieftem Kaufmann war es Josef daher wichtig, daß seine Söhne tschechisch sprechen konnten. Er baute ihnen, da er die Sprache fließend beherrschte, dabei so manche Eselsbrücke, die sie zum Lachen brachte. In Erinnerung blieb etwa der markige Satz „Hier scheßt der Hund", mit dem sich die Buben die Zahl sechs, im Tschechischen „šest" merken sollten.

Im Sommer 1937 schickte er Lothar, der bereits seit zwei Jahren auf die Bürgerschule ging und auch Klavierunterricht erhielt, im Rahmen eines Jugendaustauschprogramms für einen Monat zu einem Bauern ins Innerböhmische, nach Horní Slivno, wo sein Sohn, was ihm viel Vergnügen bereitete, bei der Ernte und im Stall mithalf. In einem Weidenkorb brachte er einen fast weißhaarigen Welpen heim, der, weil seine Schnauze einen kleinen schwarzen Fleck hatte, den Namen Schecki erhielt.

Im Gegenzug lernte Milada, die Tochter des tschechischen Bauern, in Reichenberg ein paar Brocken Deutsch, was ihr, obwohl sie sich sehr bemühte, recht schwer gefallen sein muß. Von Josef instruiert, sagte sie die Sätze, um sie zu behalten, ununterbrochen auf, so auch, als sie geschickt wurde, „ajne Rulle Krepp-Papier, ajne Rulle Krepp-Papier" zu holen. Fortan war die „Rulle" ein geflügeltes Wort – ohne daß sich die Familie, wenn das Wort verwendet wurde, über das fleißige Mädchen lustig machte, das, weil es später auch eine „böse Milada" gegeben hat, als „die gute Milada" in die Geschichte eingehen sollte.

XIII

Eines Nachts, es muß der 12. März 1938 gewesen sein, kam der Vater bedrückt von einer Gesangsprobe nach Hause. Mit leiser Stimme, damit es die Buben nicht hören sollten, sagte er: „Du, Annerl, der Hitler ist in Österreich einmarschiert." Das Aufschluchzen der Mutter sei durch Mark und Bein gegangen. Ihr einziger Trost war, daß ihr Vater, der Lokomotivführer und kaisertreue Patriot, den Anschluß nicht mehr erleben mußte.

Die Sudetendeutschen schöpften nun Hoffnung, daß der Führer, der doch von zehn Millionen Menschen jenseits der Grenzen gesprochen hatte, die unter seinem Schutz stünden, auch sie heim ins Reich holen werde. Am 28. März sagte Hitler dem Gründer der „Sudetendeutschen Partei" seine Unterstützung zu; einen Monat später, am 26. April, forderte Henlein, wie er es mit dem Diktator vereinbart hatte, in seinen „Acht Karlsbader Punkten" unter anderem die territoriale Selbstverwaltung. Der tschechoslowakische Ministerrat, der nur zögernd zu Verhandlungen bereit war, ordnete am 21. Mai, einen Tag vor den Gemeinderatswahlen, eine teilweise Mobilmachung an, die von Hitler als „unerträgliche Provokation" hochgespielt wurde. England, das gemeinsam mit Frankreich und Polen auf eine friedliche Regelung der Sudetenfrage drängte, entsandte daraufhin am 24. Juli mit Walter Lord Runciman einen Beobachter nach Prag, der die Rolle des Schiedsrichters übernehmen sollte. Die Kinder in

Reichenberg, so auch die drei Brüder, skandierten immer wieder: „Lieber Lord, mach uns frei / von der Tschechoslowakei!"

Den Sommer 1938 verbrachten sie noch im Tschechischen: Lothar war wieder in Horní Slivno, Gerhard laborierte bei der Bauernfamilie, die sich rührend um ihn gekümmert hat, an einer Erdbeerallergie. Und Toni, der nun ebenfalls die Bürgerschule besuchte, war bei einem Viehhändler zu Gast, wo er zwar nicht viel Tschechisch, aber jede Menge Tricks lernte: Um die Kühe jünger erscheinen zu lassen, wurden ihnen die Hörner abgesägt, wieder in Form geschliffen und mit Mist eingerieben; und den Pferden gab man, damit sie am Markt vor unbändiger Kraft zu strotzen schienen, in die Kübel mit Wasser einen ordentlichen Schuß Korn.

XIV

Im September spitzten sich die Ereignisse zu. Hitler, der den Entschluß gefaßt hatte, die Tschechoslowakei „durch eine militärische Aktion zu zerschlagen", forderte in seiner Schlußrede, die er am 12. auf dem Parteitag in Nürnberg hielt, das Selbstbestimmungsrecht für die rund drei Millionen Sudetendeutschen, deren Unterdrückung nicht zu dulden sei: „Ich bitte die ausländischen Staatsmänner, überzeugt zu sein, daß es sich nicht um eine Phrase handelt." Tags darauf verhängte Staatspräsident Beneš über die Grenzgebiete das Standrecht. Und am 14. September richtete Henlein eine Proklamation an das deutsche Volk und die ganze Welt, die mit den Worten schloß: „Wir wollen heim ins Reich! Gott segne uns und unseren gerechten Kampf!" Die Prager Regierung löste daraufhin die „Sudetendeutsche Partei" auf. Mit Zustimmung Hitlers organisierte Henlein, gegen den ein Steckbrief ergangen war, ein Freikorps; es kam zu einigen Kämpfen.

Tausende Nationalsozialisten „flohen", wie sie sich ausdrückten, nach Deutschland, ins Altreich. Zu diesem Schritt riet auch der „Porzellan-Sigmund", der Schützen-König. Aber Josef reagierte nicht. „Bevor's mir unterm Ursche net brennt", sagte er, „geh ich nicht weg." Selbst das mehrfache Angebot des Hausherren, ihm eine „Puschke", ein Gewehr also, zu geben, damit er, wenn es ernst würde, sich und sein Geschäft verteidigen könne, schlug er aus. Josef wollte Eintracht – auch wenn er Schuhe für die Buben nur ungern bei „Bata", wo sie weit billiger waren, einkaufte und im Wohnzimmer neben der Uhr einen Druck hängen hatte, auf dem Bismarck mit Lederschurz und einem Hammer als Schmied der deutschen Einheit dargestellt war.

In den Augen aller, oder fast aller, Sudetendeutschen war das „Dritte Reich" ein Paradies mit den besten Straßen und Fabriken und Waffen, während sie in einer Art Fegefeuer saßen: Unmittelbar daneben – und doch nicht dabei. Auch Gerhard, nun in der dritten Volksschulklasse, kannte bereits den Hitlergruß, von dem der Vater nichts wissen wollte, und wenn er sich zu Mittag von Wolfgang, seinem Freund, verabschiedete, dann hoben sie ganz zaghaft die Hand in der Hüfthöhe zum Deutschen Gruß.

Lord Runciman und seine Delegation waren mittlerweile zum Schluß gelangt, daß die Abtrennung der sudetendeutschen Gebiete die einzig vernünftige Lösung sei. England und Frankreich stellten ihrem Bündnispartner, der Tschechoslowakei, das Ultimatum, er möge jene Gebiete, in denen mehr als fünfzig Prozent der Bewohner Deutsche waren, abtreten. Staatspräsident Beneš akzeptierte vorerst die Forderung, verfügte jedoch am 23. September die Generalmobilmachung der tschechischen Armee. Am 25. September kündete Hitler, ungeduldig geworden, für den 1. Oktober den Einmarsch an. Auf einer Viermächtekonferenz, die vier Tage später im Münchner Führerbau auf Vorschlag von Benito Mussolini stattfand, erhielt er die Zustimmung: Am 1. Oktober sollte, so der Beschluß, die Übergabe der Gebiete beginnen und etappenweise bis zum 10. Oktober abgeschlossen sein. Der tschechoslowakischen Regierung, die dem Gipfeltreffen nicht beiwohnen durfte, blieb keine Wahl, als sich zu fügen. Bald darauf, am 5. Oktober, erklärte Beneš seinen Rücktritt.

Am Tag nach dem Abkommen überraschte der Lehrer Gerhard und seine Mitschüler mit einer bunten Zeichnung über die ganze Wandtafel, deren Wirkung sich keiner der Buben entziehen konnte: Sie zeigte eine malerische Gebirgskette, hinter der ein morgenrotes Hakenkreuz als Sonne aufging.

XV

Die „Reichenberger Zeitung“, die Josef täglich las, und der „Reichenberger Tagesbote“ überschlugen sich in diesen Tagen mit Jubelmeldungen. Sie berichteten überschwenglich vom Einmarsch der deutschen Truppen, vom Führer im Egerland, der Henlein zum Reichskommissar ernannt hatte, und von seiner Rede in Karlsbad: „Daß ich einmal hier stehen würde, das habe ich gewußt.“ Am 7. Oktober war in der Abendausgabe der „Reichenberger Zeitung“ auf der ersten Seite über den Besuch des Führers in Kratzau und die „scharfen Maßnahmen gegen das Judentum in Italien“ zu lesen. Der „Tagesbote“ kündigte in der Morgenausgabe die „Besetzung von Reichenberg und Gablonz“ für den darauffolgenden Tag an. Am Samstag den 8. Oktober zierte Hitlers Konterfei die Titelseite. „Wir danken unserem Führer!", lautete die Überschrift. „Wir sind frei! So jubeln unsere Herzen, so künden es die wehenden Flaggen, so ruft der Klang der Glocken weit über das Sudetenland, das in diesen Stunden heimkehrt zu Großdeutschland. Tage furchtbarster Spannung, Tage nervenzermürbender Ungewißheit liegen hinter uns. Es ist, als wenn wir nach zwanzigjähriger Leidenszeit noch einmal durch die schwärzeste Nacht mußten, bevor wir endlich das Licht der Freiheit schauen durften." Und so weiter. Die „Reichenberger Zeitung" wieder titelte: „Willkommen den Befreiern!" Eine Überschrift lautete: „Ein neues Leben beginnt." Der Zeitungskopf war leuchtend rot mit einem Reichsadler überdruckt. Nicht ohne Grund, wie sich bald herausstellen sollte.

In der Morgenausgabe vom 9. Oktober war unter dem Titel „Der Befreiungstag" zu lesen: „Nachdem in der Nacht zum Sonnabend und in den ersten Morgenstunden die tschechischen Behörden und die tschechische Besatzung die Stadt Reichenberg geräumt hatten, legte die Bevölkerung letzte Hand an die Ausschmückung der Stadt, um den mit größter Sehnsucht erwarteten deutschen Truppen einen recht feierlichen Empfang zu bereiten. Und wenn man die Straßen der Stadt durchwanderte, so bewegte man sich durch ein wahres Meer von Hakenkreuzfahnen und –wimpeln, und alle Straßen und Häuser sowie die Auslagen der Geschäfte wetteiferten in ihrer Ausschmückung mit Girlanden, Sprüchen, Spruchbändern, Bildern und Emblemen."

Auch Anna hatte, mit viel Widerwillen, eine Fahne genäht. Daß die Haken des schwarzen Kreuzes spiegelverkehrt im weißen Kreis angebracht waren, fiel der Familie erst auf, als die Fahne bereits hing.

Die Burschen ließen sich den Triumphmarsch der Wehrmacht natürlich nicht entgehen. Toni und Lothar wurden aber ein wenig enttäuscht, weil es kein großes Kriegsgerät zu sehen gab. Sich um den Eintopf anzustellen, den der Hilfszug „Bayern", eine imposante Lastkraftwagen-Flotte für die Verpflegung der Massen bei Großkundgebungen und beim Katastrophen-Einsatz, anbot, hatte ihnen Anna verboten: „Untersteht's euch, daß ihr da hingeht!", sagte sie. „Ihr habt's zuhause genug zu essen. Wenn euch die Großmutti in Wien in der Wochenschau sieht, ich müßt' mich in Grund und Boden schämen."

Weiter unten im Bericht des „Tagesboten" war folgendes zu lesen: „Während der Einmarsch der Truppen und die kurze Begrüßung der Generalität bei hellstem Sonnenschein erfolgte, verfinsterte sich kurze Zeit darnach der Himmel und es brach ein Hagelwetter los, das von Donnergrollen und Blitzezucken begleitet wurde." Anna muß dies als göttlichen Eingriff empfunden haben.

XVI

Die vaterländische Pflicht gebot es, Soldaten Quartier zu geben. Die beiden älteren Söhne drängten den Vater, zwei Wehrmänner aufzunehmen, doch wurde, weil das Angebot von Seiten der Bevölkerung derart groß war, der Familie schließlich nur einer, der Gefreite Mütterlein, zugeteilt. Er verlangte den Burschen durchaus Respekt ab. Nicht nur, weil er – ohne sich im übrigen freiwillig gemeldet zu haben – bereits seit 1936 bei der Wehrmacht war, sondern auch, weil er abenteuerliche Geschichten zu erzählen wußte.

Mütterlein, er stammte aus Breslau, kaufte in den darauffolgenden Tagen, was die Familie anfangs verdutzte, Unmengen Butter und viele Laufmeter an Stoffen ein, die er seinen

Angehörigen mit der Post schickte oder, als er wieder abgezogen wurde, mitnahm. Doch dies tat nicht nur er, sondern jeder der Soldaten, und viele Menschen reisten aus Sachsen an, um sich mit Lebensmitteln einzudecken: Bald war Reichenberg derart leer gekauft, daß es für die Einheimischen schwer wurde, für sich selbst das Gewünschte, zum Beispiel einen passenden Wintermantel, zu bekommen. Da hegte man bereits die ersten Zweifel, ob es im Altreich wirklich so rosig bestellt sein mochte, wie man es beschrieben bekommen hatte. Und ein Witzwort begann die Runde zu machen: „Adolf Hitler, der Befreier von Butter und Eier."

Ansonsten ging alles sehr, sehr schnell und unglaublich präzise. Der neue „Sudetengau" wurde in drei Regierungsbezirke – Eger, Aussig und Troppau – eingeteilt, Hitler ernannte Konrad Henlein zum Gauleiter, Reichenberg war Gauhauptstadt. Die Reichsmark wurde eingeführt, für eine Krone bekam man zwölf Pfennig. Der Altstädterplatz hieß nun Adolf-Hitler-Platz, der Neustädterplatz Dr.-Goebbels-Platz. Die Schützenstraße hatte man in Horst-Wessel-Straße umbenannt, den Tuchplatz in Konrad-Henlein-Platz.

Schon im Spätsommer war Wilhelm Feistner, über ein halbes Jahrhundert höchst erfolgreicher Chefredakteur der „Reichenberger Zeitung", zurückgetreten. Die tendenziöse Berichterstattung der letzten Monate hatte bereits Franz Matzke zu verantworten. Am 5. November erschien das Blatt, dessen Auflage von 4.500 Stück im Jahr 1890 auf über 73.000 gestiegen war, zum letzten Mal. Tags darauf folgte ihm „Die Zeit", die „Amtliche Tageszeitung der NSDAP Gau Sudetenland".

XVII

Am 9. November gegen vier Uhr, es war leicht neblig und schon duster, rötete sich weithin sichtbar der Himmel. Jeder der drei Brüder hatte in einer anderen Schule Nachmittagsunterricht, aber überall herrschte die gleiche bedrohliche Stimmung. Die Synagoge brannte, hieß es, und in der Volksschule herrschte das Durcheinander eines Ameisenhaufens, in den jemand gestochert hat. Lothar, der den blinden Onkel hin und wieder zu Konzerten in den Tempel geleitet hatte, sah den Rauch von der „Knödelakademie" aus, und Toni rannte mit seinen Kameraden von der Bürgerschule zur Synagoge, die bis auf die Grundmauern niederbrannte, ohne daß irgendjemand etwas dagegen unternommen hätte. Keiner von ihnen konnte verstehen, warum. Und niemand wußte, wie es passiert war. Wenig später sollte die Ruine einem Omnibusbahnhof weichen.

Am 12. November war im „Reichenberger Tagesboten" zu lesen: „Juden zu kulturellen Veranstaltungen nicht mehr zugelassen." Und: „Morgen Sonntag essen wir alle Eintopf! Eintopfsonntag. Jeder ißt mit."

Eine Woche später eröffneten Propagandaminister Joseph Goebbels und Gauleiter Konrad Henlein in Reichenberg den Wahlkampf, da am 4. Dezember die „Sudetendeutsche Ergänzungswahl zum Großdeutschen Reichstag" stattfinden sollte. Der Empfang, der zu Goebbels Ehren in der Industrie- und Handelskammer gegeben wurde, fand ohne Josef statt, obwohl er eine Einladung erhalten hatte: Die Saalordner ließen ihn, da er zu leger gekleidet kam und nur kamelhaarfarbige Tuchschuhe trug, nicht ein.

In den darauffolgenden Monaten gab es kaum einen Tag, an dem nicht über neue Erlässe gegen die Juden berichtet wurde. Am 22. November lautete die Überschrift des „Reichenberger

Tagesboten“: „Die Juden wollten nicht lernen. 250 gesetzliche Maßnahmen zur Lösung der Judenfrage.“ Am 23. November: „Die besten Werber für den Antisemitismus: die Juden.“ Am 26. November: „Die Judenschaft will die Völker weiter ausbeuten.“ Und: „Judengeschäfte sind grundsätzlich aufzulösen und abzuwickeln. Eine Durchführungsverordnung.“ In Reichenberg – und nicht nur dort – schien das alles niemanden weiter zu bekümmern. Es lebten ohnedies schon fast keine Juden mehr in der Stadt: Sie waren in die „Rest-Tschechei“ oder ins westliche Ausland geflohen. Insgesamt wurden 20.000 Personen, darunter viele Regimegegner, verhaftet. Keiner muckte auf. Die Wahlkampfpropaganda lief auf vollen Touren. Und endlich sollte auch Hitler die neue Gauhauptstadt besuchen.

Der „Reichenberger Tagesbote“ druckte am 1. Dezember, einen Tag vor dem lang ersehnten Ereignis, einen mächtig langen Aufruf ab, den Henlein erlassen hatte: „Sudetendeutsche! Wir wollen den Führer in unserer Heimat begrüßen, wie er noch nie begrüßt worden ist, denn keiner hat ihm mehr zu danken als wir. Schmückt Eure Häuser und zeigt so Eure Liebe und gläubige Verehrung, die wir unserem Führer Adolf Hitler in dankbarer Verehrung entgegenbringen.“ Et cetera.

Hitler traf am Freitag dem 2. Dezember gegen halb zwei Uhr am Bahnhof ein, wurde von Henlein begrüßt, schritt die Fronten der angetretenen Ehrenkompanien ab, bestieg dann seinen offenen Wagen und ließ sich quer durch die Stadt zum Reichskommissariat chauffieren. Bis zum Rathaus, das er zuerst nur passierte, nahm er den gleichen Weg wie einst Beneš, nur daß er nicht auf Ablehnung stieß, sondern auf grenzenlosen Jubel. Über Reichenberg schwebte majestätisch das Luftschiff „Graf Zeppelin“, aus dem kleine Fallschirme mit der Hakenkreuzfahne abgeworfen wurden. Auch die drei Brüder, angesteckt von der Hysterie, ließen es sich nicht nehmen, einen Blick auf den Führer zu erhaschen. Es soll ein kalter Tag gewesen sein, und der Wind habe geweht. Lothar konnte Hitler aus nächster Nähe in der Bahnhofsunterführung zuwinken, und Toni holte sich, weil die Menschen derart dicht standen, aus dem Geschäft, das nur wenige Meter von der Wienerstraße entfernt lag, eine Stehleiter, die ihm freie Sicht auf die Formation der Wagen, auf Hitler und seine Leibwache gewährte.

Josef blieb an seinem Schreibtisch sitzen. Und Anna bügelte hinter geschlossenen Fensterbalken.

XVIII

Zwei Tage später fand die „Ergänzungswahl" statt. Was die Sudetendeutschen zu tun hatten, war ihnen bereits eingetrichtert worden: „1. Das Wahllokal habe ich bereits von meinem Nachbarschaftsleiter erfahren. 2. Ich warte nicht, bis die Wahlzeit fast um ist, sondern gehe gleich in aller Frühe, um meine Pflicht zu erfüllen und dem Führer mein ‚Ja!' zu geben. [...] 6. In der Wahlzelle kennzeichne ich den Wahlzettel durch ein Kreuz in dem dafür vorgeschriebenen Kreis. Ich stimme als Sudetendeutscher selbstverständlich mit ‚Ja!' für den Führer und mache daher das Kreuz in den größeren, mit ‚Ja' bezeichneten, linken Kreis. [...] 8. Als Zeichen, daß ich meiner Pflicht dem Führer gegenüber nachgekommen bin und als Andenken an diesen geschichtlichen Tag des Sudetendeutschtums erhalte ich nachher eine Plakette, die ich mit Stolz trage. Jeder Sudetendeutsche gibt am 4. Dezember dem Führer sein ‚Ja!', indem er den mit ‚Ja' bezeichneten Kreis ankreuzt."

Die Beantwortung der Frage „Bekennst Du Dich zu unserem Führer Adolf Hitler, dem Befreier des Sudetenlandes, und gibst Du Deine Stimme dem Wahlvorschlag der Nationalsozialistischen Deutschen Arbeiterpartei?“ fiel ziemlich einmütig aus: Der Führer erhielt 98,9 Prozent der abgegebenen gültigen Stimmen. Ein noch sensationelleres Ergebnis verhinderten Troppau und einige weitere Wahlkreise dieses Regierungsbezirks. In Wagstadt zum Beispiel wagten über 16,3 Prozent, Hitler die Stimme zu verwehren. In Reichenberg waren es nur 0,4 Prozent: 94 „Nein“- gegenüber 25.511 „Ja“-Stimmen. Ungültig stimmten 38.

XIX

Der Film „Rätsel der Urwaldhölle“, ein Bericht über die deutsche Amazonas-Expedition, ließ Lothar, der ihn mit seinen Mitschülern gesehen hatte, nicht los. Eines der Meerschweinchen, die in den Käfigen des Hinterhofes lebten, wurde, auf seinen Vorschlag hin, „Amazonas“ getauft, weil es das größte war und sehr dunkel in der Färbung. Im Gegensatz zu all den anderen wollte es die Birkenrindenstücke nicht fressen, die ihnen die Brüder reichten, worauf eine Parole geprägt wurde, die nur von Eingeweihten verstanden werden konnte: „Des Amazonas wilder Haß verschmäht die Birkenblätter!“

Wie Toni träumte sich Lothar oft in den Dschungel und vor allem nach Afrika, das er, wenn er groß war, erforschen wollte. Und heimlich, weil sie verboten waren, las er die Abenteuerhefte, die Hans Warren, nur dem Anschein nach der Autor, mit Rolf Torring auf den Reisen kreuz und quer durch den Schwarzen Kontinent erlebt haben will. Und wenn schon nicht Afrikaforscher, was doch ein wenig realistischer Lebensplan war, dann wollte er, Lothar, zumindest Förster werden, der am Waldrand in seiner Blockhütte lebt. Da er kurz vor dem Abschluß der Bürgerschule stand, fragte er seinen Vater, ob er nicht ab dem Herbst die Höhere Forstlehranstalt in Reichstadt, eine gute Stunde von Reichenberg entfernt, besuchen dürfe. Doch Josef lehnte dies strikt ab: Sein ältester Sohn habe, um einmal das Geschäft übernehmen zu können, die Handelsakademie zu besuchen.

XX

Die „Organisation der guten Nachbarschaft" zwischen Deutschland und der Tschechei, die Ende Jänner 1939 in Angriff genommen wurde, mündete am 14. März in der von Hitler angeordneten Besetzung Mährisch-Ostraus. Zur gleichen Zeit erklärte die Slowakei ihre Unabhängigkeit. Am Morgen darauf, nach einer zermürbenden Nacht, in der Reichsluftfahrtminister Hermann Göring mit der Bombardierung von Prag gedroht hatte, unterzeichnete Emil Hácha, der tschechische Präsident, in Berlin eine Unterwerfungserklärung, die von den Nationalsozialisten vorbereitet worden war. Unmittelbar danach gab Hitler, weil sich „die Tschechoslowakei in Auflösung befindet und in Böhmen und Mähren unerträglicher Terror gegen deutsche Volksgenossen herrscht", den Befehl zum Einmarsch. Lothar, dekoriert mit dem güldenen, in der Gruppe ungemein wichtigen „Traditionsstreifen", schaufelte mit der Hitlerjugend Schnee, um der Wehrmacht den Weg frei zu machen. Kurz nach neun Uhr erreichten die Truppen Prag, am Abend betrat der Führer den Hradschin.

Die Proteste der Westmächte gegen die neue „Teufelei" blieben aus, wie es Hitler gewußt haben will: „In vierzehn Tagen spricht kein Mensch mehr darüber." Einen Tag später wurde das „Protektorat Böhmen und Mähren" offiziell verkündet; die Demütigung der Tschechen begann.

XXI

Am 8. Mai nahm sich Emma, die Bonne, das Leben. Sie erhängte sich hinter Buschwerk an einem alten Baum in den Neiße-Wiesen. Gefunden wurde sie von Marie, ihrer jüngeren Schwester.

1911 war Emma, damals 28 Jahre alt, als Haushälterin und Kinderfräulein nach Wien gegangen. Von 1922 an stand sie in Diensten Leo Spindels, eines Kaufmannes, der mit seiner Frau Elsa zwei Kinder, Fritz und Alice, hatte. Sie wurde wie ein Mitglied der Familie behandelt und durfte auch mit auf Urlaub fahren, zum Beispiel nach Bled.

Anna und Josef hatte sie zu deren Hochzeit im Namen der Familie Spindel eine Ablage für Visitenkarten geschenkt, die, einen halben Meter lang und aus massivem Messing, nur das „Goldene Tier" genannt wurde: Es stellte eine Schale dar, vor die vier Rösser, von geflügelten Engeln gelenkt, gespannt waren. In der Familie schaute man damals ein wenig verdutzt drein, weil das Ungetüm nicht wirklich in die schlichte Wohnung paßte. Und weil keiner für das „Goldene Tier" Verwendung hatte, sollte es schließlich bei einer Altmetallsammlung enden.

Nach dem frühen Tod von Elsa Spindel, die 1930, als Alice zweieinhalb Jahre alt war, starb, zog Emma die beiden Kinder auf. Sie hatten tipptopp gekleidet zu sein, und für den Fall, daß Fritz oder Alice sich anpatzten, hatte sie immer ein Fläschchen Benzin dabei.

Emma muß sich bei den Spindels sehr wohl gefühlt haben. Doch dann, ein halbes Jahr nach Hitlers Einmarsch, war für „ihre Familie" höchste Zeit zur Flucht – und niemand weiß, warum Emma, die eine Eheschließung erhofft haben dürfte, nicht mitging oder mitgenommen wurde.

Leo Spindel meldete sich am 22. August 1938 bei den

Behörden mit dem Ziel New York ab. Er überließ Emma die Wäsche, das Silber und Wertpapiere, doch all das tröstete nicht über den Verlust hinweg. Ein dreiviertel Jahr lebte sie, völlig aus dem seelischen Gleichgewicht geworfen, bei ihrem Bruder Gustav, dem Straßenbahnkondukteur, und im März 1939 kehrte sie „nervenkrank", wie es hieß, nach Reichenberg zurück. Vereinsamt fand sie bei Marie, der Schwester, Unterschlupf. Ihr erster Selbstmordversuch scheiterte. Der zweite gelang.

XXII

Wenig später traf aus Wien eine Nachricht ein, die Anna erneut bekümmerte. Ein Schulkollege, einst Referent des 1934 ermordeten Bundeskanzlers Engelbert Dollfuß, sei ins KZ gekommen, seine Frau Mimi habe wenig später bloß dessen mit Blut besudelte Kleidung zurückerhalten, schrieb ihr die Mutter. Lothar weigerte sich, die Schauergeschichte zu glauben: „Stimmt ja gar nicht!", klärte er, der große Bruder, Toni auf. Das wäre bloß Gegenpropaganda, um dem deutschen Volk zu schaden, das sei, der Scharführer habe ihnen das genau erklärt, ganz einfach gelogen.

Doch immer öfter sollte vom „Kazett" die Rede sein. Gerhard, der Jüngste, konnte allein schon mit dem Wort nichts anfangen, aber es mußte, so viel bekam er mit, etwas Schlimmes bedeuten. Denn das Konzentrationslager wurde immer mehr zur Drohung: „Wenn Du nicht parierst, kommst Du ins KZ!", hieß es immer wieder zu Toni. Und ins KZ kämen, wurde erzählt, „die Priester und die Warmen".

Die „Gesamtentjudung" war mittlerweile unerbittlich vorangetrieben worden. Josef hatte mehrere Geschäftspartner verloren, und er verspürte keinerlei Verlangen, den Laden mit einem Bild des Führers zu schmücken. Wenn er danach gefragt wurde, behalf er sich mit Ausreden, es sei noch kein würdiger Rahmen gefunden worden, oder der Lehrling Edi, der ungeschickte Junge, habe das Bildnis zu Boden fallen lassen.

XXIII

Als der Vater am 1. September 1939 erfuhr, daß Hitler Polen den Krieg erklärt hatte und die Wehrmacht im Blitztempo einmarschieren ließ, seien ihm die Tränen in den Augen gestanden. Er hätte schon damals, heißt es, geahnt, daß die Katastrophe nicht ausbleiben würde. Geradezu entsetzt jedoch sei er über das Ausmaß der Verhetzung der Tschechen gewesen, worauf Josef ein junges Mädchen als Angestellte aufnahm, das, wie die Tochter des tschechischen Bauern, bei dem Lothar seinerzeit aufgenommen worden war, Milada hieß. Sie ließ sich anfangs nichts zu Schulden kommen, sollte aber, wie sich zeigen wird, später nur mehr die „böse Milada" gerufen werden.

Zudem begann Josef, sich verstärkt in der katholischen Kirche zu engagieren. Seine Frau half bereits seit Jahren in der „Caritas socialis" mit, einem gemeinnützigen Frauenorden, deren Schwestern ihm die immer wieder aufbrechende Wunde am Rücken verbanden. Nun wurden auch die Kontakte zu den Kapuzinern enger, die am Keilsberg die 1911 eingeweihte „Jubiläumskirche" führten. Edilbert, einer der vier Patres, trug die Reform des Gottesdienstes mit, die von Pius Parsch, einem Chorherrn des Stiftes Klosterneuburg, eingeleitet worden war.

Um ein Zeichen gegen die geheuchelte „Gottgläubigkeit"

der Nationalsozialisten zu setzen, erklärte sich Josef bereit, seine Kräfte und Anlagen „als Mitglied des Pfarrkirchenrates zu Reichenberg in den Dienst der katholischen Kirche zu stellen“. Am 14. Februar 1940 wurde ihm das Dekret ausgestellt, in dem das bischöfliche Konsistorium in Leitmeritz seiner Erwartung Ausdruck verlieh, „daß es Ew. Hochwohlgeboren beschieden sein wird, recht ersprießlich zur Ehre Gottes und zum Wohle Ihrer Kirchengemeinde zu arbeiten“. In den folgenden Jahren verbrachte Josef viele Abende im Kloster, spielte mit den Mönchen Karten, unter anderem das skatähnliche „Mariage“, und oft ließ er ihnen von den Lebensmittel zukommen, die er im Tausch für Werkzeug erhalten hatte. Anna ging weiter zu den Bibelstunden, und Toni, der sich, im Gegensatz zu Lothar, seiner mitunter sehr strengen Mutter nicht widersetzte, ministrierte beim sonntäglichen Gottesdienst.

XXIV

Lothar war mittlerweile, im April 1940, sechzehn geworden. In der Handelsakademie plagte er sich mit Buchhaltung, die ihm nicht lag. Er stand, wie auch im kaufmännischen Rechnen, immer zwischen vier und fünf, glänzte dafür in Naturgeschichte und Erdkunde. Im Zeugnis sollte, was sein Vater indes weiterhin nicht wahrhaben wollte, seine „ungleiche Begabung“ vermerkt werden.

Im Dachgeschoß des Sigmund-Hauses war die Familie eines Taxilenkers eingezogen, der dem Gerücht nach im Spanischen Bürgerkrieg gekämpft hatte. Seine jüngere Tochter Irene, sie ging noch in die Viertlerschule, sei, wird erzählt, ein frühreifes Ding mit spitzem Busen gewesen, das, zum Entsetzen der Mutter, Lothar verführt habe. Auf jeden Fall wurde sie eine sehr gute Freundin, mit der sich, neben Händchenhalten und Kuscheln, alle Probleme besprechen ließen.

In der Tanzschule lernte Lothar auch Lieselotte Ohrenstein, seine Partnerin, näher kennen, die, wie er, die Handelsakademie besuchte. Sie schickten sich Briefchen zu und schrieben einander Gedichte ins Poesiealbum. Eines Abends geleitete er Lotte, ein ausgesprochen hübsches, mittelgroßes Mädchen mit blauen Augen und blondem Haar, das bei seiner Tante in einer vornehmen Villa wohnte, nach Hause und küßte sie. Dabei fiel Lothar der Hut zu Boden, und die zarte Romanze fand ihr jähes Ende: Von der Mutter erzogen, auf seine Kleidung zu achten, bückte er sich nach der Kopfbedeckung, was Lotte maßlos enttäuschte. Der Kontakt aber sollte weiter bestehen – bis das Mädchen mit einem Mal nicht mehr da war.

XXV

Im Hochsommer 1940, mitten in den Ferien, kam der Instruktor der Dresdner Kapellknaben, Joseph Wagner, auf der Suche nach musikalisch begabten Buben aus katholischen Familien auch nach Reichenberg in das Kapuzinerkloster. Er führte einen Prospekt mit sich, der über die Geschichte des Institutes, das 1548 vom sächsischen Kurfürsten Moritz eingerichtet worden war, Auskunft gab und die „Pressestimmen 1939" zitierte. In jenem Jahr waren die Kapellknaben, die bis dahin nur ihren Dienst in der Hofkirche und der Staatsoper versehen hatten, aus der Anonymität getreten und gaben, von den Nationalsozialisten toleriert, in Dresden wie in Berlin ein umjubeltes Konzert. Der „Völkische Beobachter" hatte zum Beispiel berichtet, der Chor habe durch „die Musikalität seiner Darstellung, durch eine ans Wunderbare grenzende Abtönung der Stimmgruppen und nicht zuletzt durch die exakt saubere Ausführung auch des kleinsten Motivs" entzückt.

Josef, mit Wagner bekannt gemacht, las sich alles sorgfältig durch, und nach einem längeren Gespräch faßte er gegen den Willen seiner Frau den Entschluß, einen seiner beiden jüngeren Söhne der Obhut des Kapellknabeninstituts zu übergeben. Gerhard, der, wie auch seine Brüder, die Musikschule besuchte, schien dem Instruktor, der streng über den Rand seiner Brille blickte, gerade noch im richtigen Alter und überdies begabt zu sein.

XXVI

Am 12. September 1940, keine drei Monate vor seinem elften Geburtstag, trat Gerhard, der jüngste dreier Brüder, in das Internat der Kapellknaben zu Dresden ein. Da sein Vater der emotionalen Belastung kaum standgehalten hätte, lieferte ihn die Mutter, nachdem sie noch gemeinsam gegessen hatten, im „Schwarzen Haus", wie das Gebäude in der Schloßstraße 32 genannt wurde, ab. Schräg gegenüber dem Haupttor des Schlosses gelegen, beherbergte die verwinkelte Anlage die Probstei der Hofkirche, eine Kapelle, die Wohnungen der Geistlichen und das Kloster der Nazareth-Schwestern. Im dritten Stock befanden sich die schlicht eingerichteten, nur mit hölzernen Kruzifixen an den Wänden geschmückten Räume des Instituts.

Ein älterer, hagerer Mann mit Glatze und schwankendem Gang, der sich als Otto Pätzold vorstellte, führte die beiden, nachdem sie bei Probst Beier, einer Respekt einflößenden Gestalt, gewesen waren, herum und erklärte die herrschenden Gepflogenheiten. Es gab, das war nun sicher, für Gerhard kein

Entrinnen mehr. In einem der beiden Schlafsäle bekam er ein leeres Bett und eine halbe Wäschekommode zugewiesen, im Tagesraum einen Spind. Anna, erschlagen von der eigenartig dumpfen Stille im Institut, half ihrem Sohn, die Habseligkeiten auszupacken. Als die Kapellknaben, die ihre Freizeit spielend im Hof verbracht hatten, zurückkehrten, verabschiedete sich die Mutter von ihrem Sohn, vor dem sie, wie auch er vor ihr, nur mit Mühe die Tränen verbarg.

XXVII

Pätzold, ein hochgradig schwerhöriger Kriegsinvalide mit einem bis zum Hals vernarbten Rücken, und seine Frau Martha, von den Buben nur Otsel und Uwin genannt, waren die Erzieher. Otsel weckte die Knaben, überwachte das Waschen und Ankleiden, dann, nach dem Morgengebet, hörte er stichprobenartig Vokabel und Deklinationen ab. „Nom." ergänzte er zu „Nominal", „Akk." zu „Akkulativ", doch niemand lachte, es war vielmehr, wie auch während der Studierstunden, mucksmäuschenstill. Nach dem Frühstück beziehungsweise immer dann, wenn die Sängerknaben in ihrer dunkelblauen Uniform mit dem eingeknöpften Schillerkragen und der grünen Schirmkappe gemeinsam „in Formation" das Haus verließen, rief er zur „Stellung", um die Kleidung zu mustern und die Fingernägel zu kontrollieren. „Pattentaschen heraus!", rief Pätzold, und alle stülpten die Taschen ihrer Mäntel nach außen. Dann rief er „Kehrt!" und „Ab!".

Das bischöfliche St.-Benno-Gymnasium war bereits von den Nationalsozialisten geschlossen worden, und so mußten die Buben den „Staatskasten" in der Neustadt besuchen. Der kürzeste Weg führte über die Augustusbrücke und am „Zirkus

Sarrasani" vorbei, bei schönem Wetter gingen die Buben auch die Elbpromenade entlang bis zum Rosengarten und von dort in die Holzhofgasse, wo das staatliche Gymnasium lag. Da das Schuljahr im Altreich bereits zu Ostern begonnen hatte, mußte Gerhard noch einmal die erste Klasse absolvieren. Und diese dauerte, weil der Schulbeginn ab 1941 in den Herbst verlegt werden sollte, besonders lang.

Nach dem Mittagessen war Freizeit, in der auch der Klavier- und Geigenunterricht stattfand, oder „Ausgang". Pünktlich um 16 Uhr wurde von Instruktor Wagner, der am Klavier begleitete, die Gesangsstunde abgehalten, zusätzlich gab es noch Stimmbildung bei Fräulein Böhme, der „Stimmhexe". Otsel wachte über das Erledigen der Hausaufgaben, das Putzen der Schuhe, das Packen des Ranzens. Während des Essens las er, damit Ruhe herrschte, einen Roman, zum Beispiel „Die Herrgottschanze" von Wilhelm Hünermann, vor. Wenn Dienst in der Staatsoper anfiel, wurde das Abendstudium vorgezogen, und die Freizeit entfiel.

Die Knaben, beeindruckt von der Unerbitterlichkeit des Generalmusikdirektors Karl Böhm bei den Proben, sangen in der „Bohème" und der „Tosca" mit, im „Evangelimann" und im „Wildschütz", in „Palestrina" und noch weiteren Opern, sie genossen die aufregende Atmosphäre hinter den Kulissen, verfolgten das Geschehen, wenn sie nicht gebraucht wurden, abseits am Bauch liegend. „Hänsel und Gretel" kannten sie, weil sie erst ganz zum Schluß in Lumpen als „erlöste Kinder" auftraten, in- und auswendig. Christel Goltz, der „Hänsel", warf ihnen die Lebkuchen zu, die sie vom Zuckerhaus der Hexe abbrach.

Gerhard saß oft in der Kantine, wo es Salzgurken, Mehlspeisen und andere „Guatln" ohne Lebensmittelmarken gab, und beobachtete die großen Sänger beim Kartenspiel. In

„Carmen" spielte er, von oben bis unten braun angemalt, einen der Zigeunerjungen, in der „Cavalleria rusticana" sang er mit seinen Kollegen versteckt hinter der Kulisse einer Kirche das „Regina coeli". In „Othello" steckte die Hälfte von ihnen in Mädchenkleidern, im „Parsifal" standen sie oben am Schnürboden und sangen: „Der Glaube lebt, die Taube schwebt."

Die sächsische Gauleitung hatte bereits mit 1. Jänner 1938 die Mitwirkung von Staatskapelle und Staatsopernchor in der Hofkirche verboten, sodaß die Knaben am Sonntag gemeinsam mit dem Cäcilienchor, einem Laienchor, das Hochamt zu singen hatten. In der Adventszeit bestritten sie die Rorate- und zu den Feiertagen die großen Orchestermessen. Auch zu Beerdigungen und Trauungen wurden sie eingesetzt, ein vierköpfiges „Packs", das immer wechselte, mußte die Noten in zwei schweren, kastenförmigen Ledertaschen mitschleppen. Diese zusätzlichen Dienste brachten, wie die Einsätze in der Staatsoper, jedem der Knaben Einnahmen, über die Otsel genau Buch führte.

XXVIII

In den ersten Monaten setzte Gerhard das Heimweh zu, obwohl die Mutter häufig, anfangs jedes zweite Wochenende, nach Dresden kam. Wenn „Ausgang" war, trieb es ihn oft zum Hauptbahnhof, einer überwältigenden Stahlträgerkonstruktion, um das Treiben zu beobachten, und wünschte sich, in einen der Züge einsteigen und zu seiner Familie reisen zu dürfen. Später sollte Gerhard auch von seinen Brüdern besucht werden, die ihm immer Kuchen oder andere Aufmerksamkeiten mitbrachten. Sie reisten zumeist am Samstag nachmittag an, gingen, wenn der „Kleene“ in der Oper zu singen hatte, in die Vorstellung und am nächsten Morgen, nachdem sie entweder im Internat oder im „Schwarzen Peter“ übernachtet hatten, zur Messe in die Hofkirche. In Erinnerung blieb, daß Lothar mit seinem Bruder einmal im „Italienischen Dörfel“, einem Lokal mit herausragender Küche, speiste – direkt neben dem Kronprinzen von Sachsen.

Trotz der Besuche, die mit der Zeit seltener gewesen sein dürften, war Gerhard, der „Kapellschuster“, immer in der Fremde, er konnte nie, wie seine Kollegen, deren Eltern in oder bei Dresden wohnten, auch nur für Stunden nach Hause. Daß er selbst am Weihnachtsabend nicht in Reichenberg sein konnte, machte ihm hingegen, sich seiner Aufgabe durchaus mit Stolz bewußt, kaum etwas aus. Am Vormittag des 24. Dezembers gingen die Kapellknaben, wie auch jeden Freitag, zur gründlichen Körperreinigung und sportlichen Ertüchtigung ins Güntz-Hallenbad bei der Carolabrücke, wo Gerhard und die anderen Neulinge ihren Mut unter Beweis stellen und vom Drei-Meter-Brett springen mußten. Danach sangen die Buben im Gefangenenhaus, am späten Nachmittag führten sie vor den Bewohnern des „Schwarzen Hauses“ ein Krippenspiel auf, in dem Gerhard einer der Hirten auf dem Felde war. Nach der Bescherung, die Otsel und seine Frau vorbereitet hatten, ging, wer konnte, heim, doch am späten Abend trafen sich die Knaben wieder, um die Mette und tags darauf das Hochamt, die „As-Dur-Messe“ von Karl Gottlieb Reißiger, zu singen.

XXIX

Am 21. Jänner 1941 kam Aloys Andritzki, der Präfekt, von einer Vorladung auf das Polizeipräsidium nicht wieder zurück. Er, ein Sorbe, hatte die Jugend mit seinen sportlich-artistischen Einlagen – er sprang mit Eleganz vom Zehn-Meter-Turm, schwamm im Winter in der Elbe und ging auf den Händen über die gedeckte Tafel – begeistern können: Die Knaben respektierten ihn, auch wenn sie Andritzki „Aloi" riefen, was Probst Beier gar nicht recht war, wie kaum jemanden anderen.

Zudem hielt er mit seinen Ansichten über die Nationalsozialisten und den Krieg nicht hinterm Berg, auch in der Öffentlichkeit nicht: „Der Beschuldigte", ist in der Anklageschrift zu lesen, „wendet sich nicht nur gegen den Reichsleiter Rosenberg und dessen Werk, sondern er nimmt mit seinen gehässigen, hetzerischen und auch böswilligen Ausführungen bei den verschiedenen Anlässen auch ganz allgemein gegen Anordnungen und Einrichtungen sowie gegen allgemeine Bestrebungen und Erfolge der nationalsozialistischen Staatsführung Stellung. Seine Auslassungen sind geeignet, das Vertrauen des Volkes zur politischen Führung zu untergraben."

Den Rat, sich freiwillig zur Wehrmacht zu melden, um sich dem Zugriff der Geheimen Staatspolizei zu entziehen, schlug Andritzki, weil er seine Meinung hätte verleugnen müssen, aus. Am 15. August, nach siebenmonatiger Gefängnisstrafe, sollte er entlassen werden, doch der Probst, der ihn abholen wollte, konnte nur beobachten, wie sein Präfekt genötigt wurde, in einen anderen Wagen einzusteigen. Andritzki, an Hungertyphus erkrankt, starb am 3. Februar 1943 im Konzentrationslager Dachau. Wenig später traf im „Schwarzen Haus" die Urne mit seiner Asche ein.

XXX

Nach Andritzkis Verhaftung wurde Kaplan Alfons Duschak, der den Kapellknaben mit seinem fließend gesprochenen Latein zu imponieren verstand, zum Präfekten ernannt. Auch er kam ins KZ – vermutlich im Sommer 1941, denn die beiden Konzerte, die von den Sängerknaben im Frühjahr bestritten wurden, erlebte er noch mit. Beim ersten, am 13. März im Künstlerhaus auf der Grunaer Straße, überreichte er Joseph Wagner, dem Instruktor, anläßlich dessen 20jährigen Dienstjubiläums, einen Lorbeerkranz.

Das zweite Konzert wurde von Gerhards Vater organisiert. Die Dresdner Kapellknaben reisten am Samstag, dem 19. April, mit dem Zug nach Reichenberg, wo sie, auf Einladung des „Bayreuther Bundes e.V.", im Volksgarten auftraten. Zwei Tage später war im „Tagesboten" unter anderem zu lesen: „Schon die Werkfolge ließ aufhorchen: alte Meister wie Palestrina, Orlando di Lasso und Heinrich Schütz zu Beginn, dann neuzeitliche Chorsätze von Walter Rein, Hans Lang und Philipp Mohler, schließlich zum Ausklang heitere Stücke in Bearbeitungen von Nagler und Otto Jochum. [...] Die 16 Kapellknaben, unter denen sich auch ein Reichenberger [...] befindet, erwiesen sich als ein Klangkörper von schöner Tonfärbung, der auch schwierige Chorsätze mit spielender Leichtigkeit und überlegenem Können meistert. [...] Man konnte sich an dem Glanz dieser Stimmen nicht satt hören, die in allen Lagen von warmer Beseelung erfüllt waren. [...] Nicht vergessen sei, daß die Dresdner Kapellknaben auch des Geburtstages unseres Führers am Vorabend gedachten: eine Gelegenheitsarbeit von Richard Wagner ‚Deutschland erwacht' gab ihrem Empfinden schönen Ausdruck." Das letztgenannte Stück auch auf dem Programmzettel anzuführen, hatte man bewußt verzichtet. Am nächsten Tag, vor der Rückreise, sang der Chor noch in der Kapuzinerkirche eine neuzeitliche A-cappella-Messe.

XXXI

In diesen Tagen schien der Krieg für das Deutsche Reich noch erfolgreich zu verlaufen. Paris war längst besetzt, die deutschen Armeen eroberten den Balkan, nun begannen sie, nach Rußland vorzustoßen. Der große Held von Lothar und Toni wurde, nach dem Tod von Kapitänleutnant Günther Prien, dessen Unterseeboot U47 am 8. März 1941 von den Briten versenkt worden war, Erwin Rommel, der im Frankreichfeldzug die „Gespensterdivision" angeführt hatte und nun mit seinem Deutschen Afrika-Korps in Libyen und später als General der Panzertruppen für Schlagzeilen sorgte. Das Porträt des „Generals in der Sonne", ob seiner listenreichen Kriegsführung auch „Wüstenfuchs" genannt, durften die Brüder mit der Erlaubnis des Vaters in ihr Zimmer hängen. Lothars liebstes Kleidungsstück, in das mitunter heimlich auch Toni schlüpfte, war die sogenannte „Afrika-Jacke" mit den Dreiviertel-Ärmeln, die der Schneider Hartlik getreu nach der Uniform des Afrika-Korps genäht hatte. Und daß sie, wenn es an der Zeit für sie wäre, nur zu den Panzern gehen wollten, war für die Brüder ausgemacht.

Doch die Idee, Berufsoffizier zu werden, hatte sich Lothar, der nun 17 Jahre alt geworden war, aus dem Kopf zu schlagen: Offiziere seien, sagte der Vater, bloß Fresser, sie würden die Kaufleute nur ausnützen. Er verweigerte seine Unterschrift. Der älteste Sohn konnte diese seiner Ansicht nach alles andere denn patriotische Einstellung nicht akzeptieren; daß sein Großvater vom Militärdienst freigekauft worden war, empfand er zudem als Schande, die getilgt werden müsse. Aus Trotz meldete sich Lothar nun, was seinen Vater sehr laut werden ließ, zu den Stukas, den Sturzkampffliegern, einer Eliteeinheit, die sensationelle Überraschungserfolge erzielt hatte. Am Flughafen Dresden-Klotzsche bestand er zwar alle Prüfungen, wurde aber, da es ihm am räumlichen Sehen mangelte, schließlich abgewiesen.

Im Sommer 1941 unternahm Lothar mit seinem Freund Otto Fanta, einem bei all seinem Ehrgeiz doch liebenswerten Vorzugsschüler, eine Radtour über Passau und St. Oswald, wo sie sich mit Alfred Horn und dessen Schwester Dorly trafen, nach Wien. Hier logierten sie bei Tante Marti und ihrem Mann Manfred. Der Onkel hatte kurz nach Hitlers Machtergreifung seinen Posten bei der Bahn zurückerhalten und sich, mit dem Nationalsozialismus sympathisierend, Anfang 1939 in die Parteianwärterliste einschreiben lassen. Seine Aufnahme in die NSDAP wurde jedoch abgelehnt, die Ortsgruppe Neu-Gersthof drohte Manfred sogar mit einer Untersuchung wegen Prosemitismus: Solidarisch mit seiner Frau, die in jüdischen Kreisen verkehrt und bis zur Weltwirtschaftskrise als Buchhalterin für einen jüdischen Geschäftsmann gearbeitet hatte, soll er sich öffentlich über das Unrecht geäußert und einen Robert Fischer mit Geld unterstützt haben.

Auf der Rückreise besuchten Lothar und Otto auch Cousine Christa, die, nun bereits Mutter einer eineinhalbjährigen Tochter, zu ihrem Mann Friedel nach Karlsbad gezogen war, und Tachau, ein Nest im Böhmischen, um die Wahrheit über das geheimnisvolle Konzentrationslager herauszufinden. Mit Verwunderung stellten die beiden Freunde fest, daß dort tiefster Friede herrschte. Daß Dachau ganz woanders lag, wußten sie einfach nicht.

Wenig später wurden sie zu einem Wehrertüchtigungslager

einberufen, bei dem man alle Burschen, die nicht „so frei“ waren, sich zur SS zu melden, über den Exerzierplatz schliff. Lothar, der Sportler, hielt durch und beschwor seinen Freund, nicht zu unterschreiben. Doch Otto Fanta, der selbst im Musizieren, seiner einzigen Schwachstelle, der Beste sein und überhaupt nirgends zurückstehen wollte, meldete sich. Er sollte später in Bosnien mit Knüppeln erschlagen werden.

XXXII

Da der Kapellknabenchor von den Nationalsozialisten aufgelöst zu werden drohte, beschlossen Probst Beier, der von der Kanzel der Hofkirche gegen die Inhaftierung seiner Priester zu wettern pflegte, und die neue Institutsleitung gegen Ende 1941, das Internat zu schließen. Nach den Weihnachtstagen wurden die Buben allein oder zu zweit bei Familien der Kirchengemeinde untergebracht. Gerhard kam mit einem jüngeren Kollegen, der den gleichen Vornamen trug, Rösler hieß und aus Schirgiswalde stammte, zum Ehepaar Zomack, das im zweiten Stock der Mathildenstraße 35 unweit des „Grünen Gartens“ wohnte. Dort hatten die beiden ein Zimmer für sich allein.

Hans Zomack, Konvertit wie Gerda, seine zweite Frau, eine ehemalige Krankenschwester, war aus der Reichsschriftumskammer ausgeschlossen worden, da er die Abenteuer von Tom Shark, dem Detektiv, und jedes vierte der Rolf-Torring-Hefte, die auch Lothar seinerzeit gelesen hatte, verfaßt haben soll. Die Groschenromane, mit denen sich Zomack, wie er erzählte, ein Rittergut erschrieben hätte, ohne je an den Schauplätzen der Episoden gewesen zu sein, wurden von den Nationalsozialisten als „Schmutz und Schund“ verbrannt. Hoch gebildet und überaus selbstkritisch, gab er Gerhard, der die beiden Reihen nur dem Namen nach kannte, keines der Heftchen zu lesen, vielmehr empfahl er seinem Zögling, der sich immer wieder mit religiösen und kindlich-philosophischen Fragen an ihn wandte, so manches an wertvoller Literatur und ging auf ihn ein. Zwischen Zomack, der, weil er Tuberkulose hatte, nicht eingezogen worden war, und Gerhard entwickelte sich mit der Zeit eine tiefe Verbundenheit.

Der Versuch, das Institut tagsüber, vom Frühstück bis zum Abendessen, in gewohnter Weise fortzuführen, schlug bald fehl. Otsel wurde angewiesen, das Emaille-Schild „Kapellknaben-Institut", das an der Tür des Tagesraumes montiert war, zu entfernen. Die Buben durften sich nur mehr zu den Chorstunden und zum Musikunterricht im „Schwarzen Haus", das unmittelbar neben einem Polizeirevier lag, treffen. Gerhard und sein jüngerer, eher stiller und wohl auch leicht unglücklicher Kollege „Rasl" wurden ab nun von den Zomacks auch verköstigt; Josef, der dem Institut schon in den Jahren davor Fasane und andere, im Tausch erworbene Delikatessen hatte zukommen lassen, schickte nun dem Ehepaar prächtige Freßpakete.

Die suspekten Kapellknaben blieben aber, was sie selbst sehr verwunderte, eine „Sondereinheit" der Hitlerjugend, als die sie praktisch aller Pflichten enthoben waren. „Dienst" war nichts anderes als gemeinsame Freizeitgestaltung: Im Sommer spielten die Buben im Ostragehege auf dem Rasen neben dem Stadion Fußball oder gingen baden, im Winter liefen sie auf der Spritzeisbahn hinter dem Jägerhof Schlittschuh.

XXXIII

Im Frühjahr 1942 mußte Lothar, der nun die dritte Klasse der Handelsakademie besuchte, zur Musterung. Er sei, sagte man ihm dort, aufgrund seiner Statur der geborene Infanterist. Doch die Vorstellung, dem Vaterland auf diese Weise zu dienen, behagte ihm nicht: Zusammen mit seinem Freund Gustl Pfeiffer und zwei anderen Kameraden ging er schnurstracks zur Artilleriekaserne und meldete sich zu den Panzern.

Ende April erhielt Lothar das Notabitur. Von Mai bis Juli hatte er in Zeulenroda, wo es sehr schikanös zugegangen sein soll, den Reichsarbeitsdienst zu leisten, den weiteren Sommer verbrachte er daheim. Mitunter fragte er seine Mutter, ob nicht mit der Post das Beitrittsformular der NSDAP gekommen sei, doch Anna verneinte stets. Sie hatte es, wie jede weitere Sendung der Partei, stillschweigend verbrannt.

Im September wurde Lothar der lang ersehnte Einberufungsbefehl zugestellt; ab 1. Oktober erhielt er in Bamberg die dreimonatige Grundausbildung, in der er das Fahren und Funken, das Laden und Schießen lernte.

Der Haß der Tschechen auf die Deutschen wuchs unterdessen mit jeder Repressalie, all den Terrorakten und standrechtlichen Hinrichtungen. Am 27. Mai 1942 wurde in Prag auf Reinhard Heydrich, den stellvertretenden Reichsprotektor, ein Bombenattentat verübt, dessen Folgen dieser eine Woche später erlag. Zur Vergeltung brannten die Nationalsozialisten das Dorf Lidice nieder, obwohl die Bewohner mit dem Anschlag nichts zu tun hatten. Die Männer wurden ermordet, die Frauen ins Konzentrationslager abgeführt, die Kinder verschleppt. Fortan soll unter der tschechischen Bevölkerung die Angst vor einer kollektiven Aussiedlung nach Sibirien geherrscht haben.

XXXIV

Der Vater hatte mittlerweile neben Feuerwehr-Ausrüstungen, billig aus einer Konkursmasse erworben, auch Luftschutzartikel ins Sortiment aufgenommen, was ihm eine erkleckliche Umsatzsteigerung einbrachte. Im Herbst 1942 zog er, weil die Hafnergasse 9 längst zu klein geworden war, in die Wienerstraße 18a, mitten in die Altstadt von Reichenberg. Die Kanzlei und die Lagerräume befanden sich hinten im Hof, das Geschäftsportal aus ziseliertem Holz hatte eine große Auslage, die durch ein schönes, schmiedeeisernes Geländer geschützt wurde. Eine mit künstlichem Blattwerk umrandete Tafel über der reichen Produktauswahl wies auf das Zehn-Jahres-Jubiläum der Firma hin, die Josef im September 1932 in größter Not gegründet hatte.

Gesundheitlich aber ging es ihm schlecht, oft mußte er zu einem Spezialisten nach Prag reisen. Er nahm eine weitere Angestellte, die bereits erwähnte Tschechin namens Milada, auf und bestellte einen Geschäftsführer, den ihm das Arbeitsamt vermittelt hatte. Er hieß Paul Schmit, war Mitte Zwanzig, stammte aus Thionville in Lothringen und bezeichnete sich als Franzose mit deutscher Muttersprache. Schon bald hatte er das Unternehmen im Griff; zu Josef und seiner Frau, der er, wenn er zum Essen eingeladen war, ein Parfum oder ähnliches mitbrachte, stand er schon bald in freundschaftlicher Beziehung. Immer diskret und zurückhaltend, pflegte er in die Unterhaltung Bemerkungen einzustreuen, die seinen Zweifel am Endsieg anklingen ließen und Toni, der mitunter schon im Geschäft mithalf, zumindest zu denken gaben. Schmit, der hervorragende Manieren besaß und immer elegant gekleidet war, eben ein Mann mit Format, schien sehr gut unterrichtet zu sein. Zu gut, wie sich herausstellen sollte.

XXXV

Da Geschäft und Wohnung in der Hafnergasse eine Einheit gebildet hatten, machte die Übersiedlung der Firma auch einen Umzug der Familie notwendig. Am 10. Oktober 1942, einem Samstag, zog Josef mit Anna und seinem zweitältesten Sohn in eine geräumige, mit Badezimmer ausgestattete Wohnung im zweiten Stock des Hauses Mondgasse 2, von der aus man auf die Viertlerschule, in die Toni und Gerhard gegangen waren, sehen konnte. Im Hof gab es einen Schuppen und Platz für die Hasenställe, und wenn man auf das Gäßchen hinaustrat, sah man rechter Hand auf die Kapuzinerkirche am Keilsberg, die zu Fuß nun in fünf Minuten zu erreichen war.

Das Weihnachtsfest verbrachte Lothar, dessen Grundausbildung zu Ende gegangen war, daheim. Weil der Vater operiert wurde, mußte er sich erst ein paar Tage später bei seiner Panzereinheit zurückmelden, was im Nachhinein wie eine gottgelenkte Fügung erscheinen sollte, weil er dadurch die Verladung nach Rußland verpaßte. Er kam nach Frankreich, nach Portieux, zur 14. Panzerdivision. Hier gab es keine Front, keine Partisanen, es war eine ruhige, eigentlich schöne Zeit.

Anfang Februar 1943 durfte Lothar ein paar Tage nach Reichenberg auf Urlaub fahren. Er betrat das Geschäft, in dem Milada, die neue Verkäuferin, auf einer Leiter saß und, was ihn irritierte, laut tschechische Lieder sang. Das Oberkommando der Wehrmacht hatte, erklärte ihm der Vater, soeben bekannt gegeben, daß Stalingrad gefallen sei: „Ihrem Fahneneid bis zum letzten Atemzug getreu, ist die 6. Armee unter der vorbildlichen Führung des Generalfeldmarschalls Paulus der Übermacht des Feindes und der Ungunst der Verhältnisse erlegen."

XXXVI

Toni, der in der Handelsschule, die er nun besuchte, brillierte, las zu jener Zeit mit Begeisterung Felix Dahns „Kampf um Rom". Er gotisierte sogleich die Namen seiner Brüder zu Lothari und Gertari, sich selbst nannte er gerne „den Obersten Herrscher". Stundenlang konnte er zudem die Familie und seine Freunde mit seinen Interpretationen von Filmen unterhalten, wobei er im Imitieren der Schauspieler großes Talent bewies. „Man mache ihm ein Müslein aus roher Leber und Lauch!", befahl er zum Beispiel, nachdem er Werner Kraus als Paracelsus gesehen hatte, und wenn er, weil er etwas besorgen mußte, klagte „So weit übers Wasser!", dann bezog er sich auf einen Baron Rothschild, der in einem Film über die Bankiersfamilie nach London geschickt wurde.

So sehr er sich auch für den Krieg begeistern konnte, die Hitlerjugend war Toni verhaßt. Er wollte weder paramilitärischen Drill über sich ergehen lassen, noch an Kampfspielen und den wöchentlichen Heimabenden teilnehmen. Am liebsten saß er in der Mondgasse am Dachboden in seiner Bastelkammer und baute Modellflugzeuge und -schiffe; ein elektrobetriebenes Schnellboot brachte ihm denn auch den ersten Preis bei einem „Hilf mit"-Wettbewerb ein. Weil er immer öfter beim „Ehrendienst am Deutschen Volk" fehlte, wurde die Polizei bei den Eltern vorstellig, die sich freilich ahnungslos stellten. Durch Vermittlung des Feuerwehrkommandanten, der ein Kunde des Vaters war, kam Toni daraufhin zur Feuerwehr-HJ, die ein abwechslungsreicheres Programm bot. Oft versah er seinen Dienst bei Theateraufführungen, und für sechs Wochen, noch dazu während der Schulzeit, durfte er, was ihm besondere Freude bereitete, die Nachrichtenschule in Halle besuchen, wo er das Herstellen von Telefonverbindungen, das Morsen und Funken lernte. Da war Toni ganz in seinem Element.

XXXVII

Am 3. Juni 1943 schrieb Lothar aus dem „Westen", so die kryptische Ortsangabe, seiner Mutter folgenden Brief, an dessen linken oberen Rand er noch die Frage „Brauchst Du Zwiebel?" notierte:

Heute habe ich ein Päckchen mit sehr feiner Bäckerei erhalten. Es war wirklich 1A. Ich habe sie auf einen Sitz aufgegessen, denn ich habe soeben erfahren, daß ich Ende dieses Monats auf Urlaub komme. Es kann auch nächsten Monat werden, aber ich komme. Das Päckchen mit den Zigaretten und der Seife habe ich auch erhalten. Einen Brief vermisse ich aber lange Zeit. Von Vati habe ich eine Karte aus Reichstadt erhalten. [...] *Gestern hatte ich bei einer Übung ein MG F, das unsere Telephonnummer 3662 trug. Der Zufall ließ direkt Heimatgefühle aufkommen. Ich dachte, wenn ich dann auf dem Bahnhof stehen und dich anrufen werde, hoffentlich kommt nichts dazwischen. Auf ein glückliches Wiedersehen, Lothar.*

Während seines Heimaturlaubes wollte Lothar seine Tanzstundendame Lieselotte Ohrenstein, in die er verliebt gewesen war, besuchen. Doch er traf nur deren Tante an, die ihm schließlich, da er nicht zu fragen aufhörte, erzählte, daß ihre Nichte zum Arbeitsdienst eingezogen worden sei, bei dem sie einen „Kleinen Abstammungsnachweis" hatte vorweisen müssen. Als Halbjüdin wurde sie daraufhin in ein Arbeitslager nach Maffersdorf verbracht, wo sie, dieses feine Mädchen, was Lothar schockierte, Lumpen zu sortieren hatte. Erstmals kamen ihm nun Zweifel am Regime auf, das er bisher gegen alle Vorwürfe, auch die seiner Eltern, verteidigt hatte. Er erzählte Josef von Lotte, die über Nacht zum Untermenschen geworden war, und erfuhr, daß dieser mit ihrem Vater, der die Generalvertretung für slowakischen Hanf innegehabt hatte, früher in Geschäftsverbindung gestanden war. Er hätte seine Tochter, untergebracht bei der deutschen Tante, in Sicherheit gewähnt.

Wenige Tage später lernte Lothar, als er eine Vorstellung des „Zirkus Sarrasani" besuchte, der gerade in Reichenberg seine Zelte aufgeschlagen hatte, ein Mädchen namens Theresia Zein kennen und verbrachte mit ihr einen fröhlichen Abend. Sie war, was er nicht wußte, eine Freundin seines Bruders. Der Zufall klärte sich nur deshalb auf, weil Lothar, wieder bei der Wehrmacht, Toni in einem seiner Briefe bat, Theresia einen Strauß Blumen vorbei zu bringen, was dieser mit einem Grinsen übers ganze Gesicht auch tat.

Zurück in Frankreich bei seiner Einheit, brachte Lothar den Spieß gegen sich auf. Eines nachts schlug er, als er Wache schob, Alarm, weil er in der Ferne immer wieder einen verdächtigen Lichtschein aufflackern sah. Der Signalgeber, den er vermutete, war jedoch nur ein Bauer, der beim Schwarzschlachten die Luke nicht ganz verhängt hatte. Weil er die gesamte Kompanie geweckt hatte, erhielt Lothar strafweise eine „Abstellung" zur 11. Panzerdivision, der legendären „Gespensterdivision" von Erwin Rommel, die in der Ukraine schwere Verluste erlitten hatte. Zusammen mit ein paar hundert anderen bildete er den, wie sie es nannten, „Ersatz".

Im September traf bei seiner Mutter eine Karte ein, die sie das Schlimmste befürchten ließ. „Wir ziehen der Sonne entgegen", schrieb ihr Sohn voll Enthusiasmus. Es gebiete einfach die vaterländische Pflicht, gegen den Russen, der die 6. Deutsche

Armee bei Stalingrad eingekesselt und vernichtet hatte, ins Feld zu ziehen. Doch das Schicksal meinte es gut mit Lothar: Der Transportzug wurde von einem anderen überholt, in dem die 14. Panzerdivision zur zweiten Schlacht um Kiew verladen worden war. Lothar aber kam in den Süden, in die Ukraine, wo gerade eine letzte Ruhephase herrschte. Dennoch brach nach der Ankunft in Aleksandrovka wegen der Nähe der Front eine panikartige Raserei unter den Jungmännern aus, die das Schulgebäude, in dem sie untergebracht wurden, zu demolieren begannen. Die Unteroffiziere konnten nur mit der Waffe in der Hand Herr der Situation werden.

XXXVIII

Die Erinnerungen an jene Zeit sind dürftig. Lothar war, wie er einmal seinen Eltern geschrieben hatte, der Meinung, daß der Krieg nicht mehr lange dauern könne, weil die Russen schon Sechzehnjährige in die Schlacht schicken würden. Einmal erhielt er den Auftrag, einen Gefangenen zu einer weit entfernten Sammelstelle zu bringen. Als er am Morgen todmüde wieder ins Quartier zurückkam, fragten ihn die Kameraden, warum er sich die Strapazen nicht erspart und den Russen einfach erschossen hätte. Auch wenn sie über ihn lachten, es wäre ihm nie in den Sinn gekommen.

Weil es zwar Tabak, aber kein Zigarettenpapier gab, sollen die Soldaten Blatt um Blatt aus den Klassiker-Dünndruckausgaben, die ihnen zur Erbauung ausgehändigt worden waren, herausgerissen haben. Während der Schlammperiode sei nichts anderes zu tun gewesen, als die Kühe zu hüten. Einmal durfte Lothar einen neuen Panzer IV aus Breslau abholen. Irgendwann wurde er am Knie verwundet. Er bekam das Panzersturmabzeichen, das Ehrenkreuz, das silberene Verwundetenabzeichen und einen Orden, auf dem „Kreuzzug gegen den Kommunismus“ stand. Der soll besonders schön gewesen sein.

Die Familie schickte Lothar immer wieder Feldpostpakete mit Salami, Schokolade und anderen Lebensmitteln, aber nur wenige von ihnen kamen an, der Rest mußte Dieben in die Hände gefallen sein. Toni hatte daraufhin die Idee, den Paketen Zettel mit Flüchen beizulegen, und ersann die schauderlichsten Verwünschungen: „Wer dieses Päckchen unberechtigt öffnet, den soll der Teufel in der Luft zerreißen“ oder „der soll an der Pest krepieren“ oder „den werden die Russen foltern“. Der Erfolg aber ließ zu wünschen übrig. Denn war der Karton einmal offen, war der Fluch auch nicht mehr abzuwenden.

XXXIX

Gerhard, für den Geschichteprofessor, der den Unterricht oft in Parteiuniform hielt, nur der österreichische „Wastl“, hatte sich inzwischen längst in Dresden eingelebt. Seine engsten Freunde in der Klasse waren der baumlange Christian Just, ein Katholik, der nur der „lange Laban“ gerufen wurde, Klaus Weigert und Konrad Wagner, ein Kapellknabe wie er, den sie nach einer Gestalt aus der Odysee „Thrasypoulos“ nannten. Mit Mollenhauer, einem blonden Berliner, tauschte Gerhard Magnesiumfackeln und Trockenspiritus, die er von seinem Vater erhielt, gegen Hemden. Sie beschlossen, wenn sie nicht studieren dürften, Uhrmacher zu werden. Doch Mollenhauer blieb nicht lange in der Klasse. Er hatte Knochenkrebs.

Im Herbst 1943 stieß Reinhart Heyden, Sohn eines Pastors, der den Spitznamen „Pustekuchen“ erhielt, zur Klassengemeinschaft. Aus Berlin, woher er stammte, brachte er einmal, nach einer Wochenendfahrt, in einem Briefumschlag ein kleinformatiges Heft mit, das, ergänzt durch schockierende Bilder verzweifelter, dem Schnee ausgesetzter und gefangengenommener Soldaten, über den Untergang der 6. Armee berichtete. Gerhard vergaß das verbotene Schriftstück, nachdem er es studiert hatte, auf der Toilette, was Reinhart nervös werden ließ: Er verbrannte, um die Spur zu verwischen, sogleich sein gesamtes Briefpapier. Die Folge war, wie nicht anders zu erwarten, eine hochnotpeinliche Untersuchung durch Oberstudiendirektor Fraustadt, der einer der menschlichen Nazis gewesen sein soll. Statt einem Schulverweis als Mindeststrafe ließ er, nachdem er Gerhard zur Rede gestellt hatte, die Sache auf sich beruhen. Zum Schulschluß im Juli 1944 erhielt der Bub von ihm sogar eine Prämie: Wilhelm Raabes „Horacker“ mit Reichsadler-Stempel und Unterschrift für besondere Leistungen bei der Sammlung „Altstoffe sind Rohstoffe!“.

Die „Sondermeldungen“ über gewonnene Schlachten, die das Propagandaministerium via Lautsprecher verkündete, waren selten geworden. Das Oberkommando der Wehrmacht informierte über „Frontbegradigungen“ und „befehlsmäßige Absetzbewegungen“, über „Abwehrschlachten“, die mit „unverminderter Heftigkeit“ andauern würden. Gemeinsam mit den Zomacks hörte Gerhard im Kabinett, das an keine Nachbarwohnung grenzte, nächtens die streng verbotenen „Feindsender“. Die Paukenschläge aus Beethovens Schicksalssinfonie, mit denen die deutschsprachigen Nachrichten der BBC eingeleitet wurden, verstärkten dabei noch die unheimliche Stimmung im abgedunkelten Raum. Der Krieg, mit Lothar mittendrin, war, so viel schien sicher, nicht mehr zu gewinnen.

XL

Im Juli 1943 hatte Toni die Handelsschule abgeschlossen, am 1. August begann er als kaufmännischer Lehrling im Geschäft seines Vaters. Diesem war bereits klar geworden, falsch entschieden zu haben: Wenn einer seiner Söhne die Firma erfolgreich weiterführen würde, dann war es Anton, der sich nicht nur für den Verkauf und das Zustandekommen neuer Geschäftsverbindungen, sondern auch für die Bilanzen interessierte. Lothar ließ er wissen, daß er, wenn er vom Krieg zurückgekehrt sei, studieren dürfe, was er wolle, auch Bodenkultur oder Agrarwissenschaft.

XLI

Mit 1. März 1944 wurde Toni für drei Monate zum Arbeitsdienst nach Friedland eingezogen, wo er, unmittelbar neben dem Schloß Walleinsteins, unter anderem Bäume zu entrinden und Baumaterial mit dem Schubkarren zu führen hatte. Er begann, auch wenn ihm dabei schwindlig wurde, mit dem Rauchen.

Am 16. März schrieb ihm Lothar aus dem „Osten“:

Lieber Bruder Antoni! Trotz Unkenntnis Deiner Adresse will ich versuchen, mich mit Dir in briefliche Verbindung zu setzen. Wenn Du den Brief erhältst, wirst Du ja schon ein alter Arbeitsmann sein und den Barras kennengelernt haben. Hoffentlich friert Dich nicht so wie mir, denn in Rumänien habe ich meinen Privatpullover gegen ein Kilo Speck und 40 Eier verkauft. Mir geht es gut, nur die Flieger beunruhigen uns etwas. In der Stadt, wo ich kampiere, gibt es fast keine ganzen Fensterscheiben mehr.

Unsere Stube haben wir nobel eingerichtet, nur mit den Möbeln verlassener Ämter. Einen Schreibtisch mit Ledersessel habe ich für mich allein. Daß ich auf einer blutgetränkten Tragbahre schlafe, stört mich wenig. Ich hoffe, daß es Dir so gut geht. Dein Bruder Lothar.

Als er diese Zeilen schrieb, befand sich die 11. Panzerdivision bereits auf dem Rückzug aus der Ukraine. Die Rote Armee hatte am 4. März ihre Frühjahrsoffensive im Süden der Ostfront begonnen und rückte massiv in Richtung Dnjestr, den Grenzfluß zu Bessarabien, vor. Die deutschen Armeen räumten, nachdem sie „befehlsmäßig" alle kriegswichtigen Anlagen zerstört hatten, Stadt um Stadt. Am 16. März, mit dem der Brief an Toni datiert ist, meldete das Oberkommando der Wehrmacht: „Beiderseits des Ingul und westlich Kirowograd verlaufen unsere Absetzbewegungen in schweren Angriffs- und Abwehrkämpfen gegen den scharf nachdrängenden Feind planmäßig." In Kirowograd war Lothar über Weihnachten stationiert gewesen.

XLII

Ein weiterer Brief, der erhalten geblieben ist, trägt das Datum „7. 4. 44" . Lothar dürfte ihn nicht in einem Zug geschrieben haben: Er besteht aus vier, mitunter nur sehr schlecht lesbaren Teilen (einem Bogen Papier, zwei Kuverts und einer Feldpostkarte), die beidseitig eng beschrieben sind, und schildert die abenteuerliche Flucht vor dem „Ivan", die in der Stadt Kamenez-Podolski begann; was sich in dem Monat davor ereignete, läßt sich nur erahnen.

Liebe Eltern! Obwohl ich diesen Brief in absehbarer Zeit nicht abschicken kann, muß ich Euch schreiben, weil es eine Beruhigung für mich ist, denn ich weiß bestimmt, daß Ihr Sorge um mich haben werdet, weil ich so lange nicht geschrieben habe. Obwohl ich schon seit September in Rußland bin, habe ich den Krieg mit seiner Furchtbarkeit nicht so kennengelernt wie in den letzten vier Wochen. Nähere Einzelheiten über Orte und Kampfhandlungen kann ich Euch nicht geben, aber diese wird Euch der Wehrmachtsbericht geben.

Wir waren einer anderen Einheit zugeteilt und fuhren zurück zu unseren Kompanien. Anfangs ging die Reise recht gut, doch bald wurde sie wegen des Schnees und des Regenwetters so schlecht, daß Stockungen auftraten und sich die Wagen nur schrittweise fortbewegten. Das war natürlich ein gefundener Bissen für die russischen Tieflieger. Am besten legt man sich in die Nähe der Straße, denn die Russen treffen selten die Rollbahn selbst, sondern einige zehn Meter daneben. Einige Fahrzeuge wurden zwar getroffen, aber uns und unseren LKWs war nichts geschehen. Es ging alles gut, bis wir vor eine große Stadt kamen, wo die Wagen nicht einen Schritt vorwärts konnten. Zwei Tage lagen wir auf dem offenen Feld bei Regen, Schnee und Kälte. Es hieß, der Russe sei im Anrücken und habe die Rollbahn gesperrt. Am zweiten Morgen schoß der Russe in die kilometerlangen Fahrzeugreihen. Da entschloß sich unser Leutnant mit dem Hauptteil der Leute, die Wagen zu verlassen und sich über den Dnjestr durchzuschlagen.

Am Vorabend wurde das hiesige Verpflegungslager geräumt, und wir bekamen Schweinefleisch-Konserven, Zigaretten, Butter und so weiter in Massen. Jetzt mußten wir aber alles im Stich lassen. Das Nötigste wurde in den Rucksack weggepackt, und es ging querfeldein. Wir trafen wieder eine Straße, und hier sprangen wir auf die fahrenden Wagen auf, denn keiner wollte halten, wenn der Russe im Rücken war. Ich saß am Kotflügel, und die Fahrt wähnte mir eine Ewigkeit. Es war ein gespenstisches Bild, als ich am Dnjestr ankam. Der Fluß ist eingebettet in hohe Felsen, so ähnlich wie in der Böhmischen Schweiz. Ein großes Hallo gab es, als sich drei von unseren Wagen durchgeschlagen hatten. Doch die Freude war kurz, es gab keine Brücke zum Übersetzen. Zwei kleine Gummiboote waren da, aber was nützt das für die Hunderten, die am Ufer standen? Als der Versuch, ein Floß für die LKW zu bauen, fehlgeschlagen war, räumten sie ihre Last ab. Zehntausende Zigaretten, Zigarren, Schokolade, Drops, Öl – jeder konnte sich nehmen, so viel er wollte. Unsere Küche schmiß allein zwei Zentner Butter heraus, doch niemand wollte etwas mehr. Der Schnaps floß in Strömen, und die Besoffenen lagen am Strand. Ich konnte aber keinen Schluck trinken, denn ich dachte immer, wieviel Schweiß der Heimat an den hunderten Fahrzeugen hängt, die hier vernichtet wurden. Ich hatte nur einen Rucksack gepackt mit einer Decke, einer Butterkonserve, einer Flasche Öl und Zigaretten. Ich hatte 100 Senator-Zigaretten gefunden, das sind die besten deutschen Zigaretten, in einer luftdichten Tropenpackung, die wollte ich aufheben für Vati. Doch da ich jetzt schon eine Woche nichts mehr zu rauchen habe, habe ich sie aufgebrochen.

Unsere Gruppe hatte endlich ein Boot gefunden, es gingen zwar fünf Mann hinein, aber zwei mußten den Kahn wieder herüberrudern. Als sich gegen Abend der Wellengang verstärkte, dauerte eine Tour eine Stunde. Am nächsten Morgen, nach einer furchtbar kalten Nacht, kam ich endlich rüber. Wer war aber weg? Der Leutnant mit allen Feldwebeln und Unteroffizieren. Ich fand einen Kameraden, und so marschierten wir ins Land hinein. Die Bewohner waren sehr freundlich, und wir brauchten nicht zu hungern. Wir zwei hatten keinen Kompaß, keine Karte – wir marschierten immer der Sonne nach. Nach eineinhalb Tagen kamen wir bei Lipcani zum Pruth. Dort war auch schon die Brücke gesprengt. Nach langem Suchen fanden wir ein Boot, auf dem uns ein Mann übersetzte.

Hier nun setzt eine Erinnerung ein, die im Brief nicht beschrieben wird. Weil das Kanu bloß zwei Mann ohne Gepäck tragen konnte, war ein logistisches Problem zu lösen, das an das Rätsel des Bauern mit der Ziege und dem Krautkopf erinnert. Der Jäger, den Lothar mit der Maschinenpistole ins Visier nahm, ruderte zuerst Heinz, den Kompanieschreiber, ans andere Ufer. Dann ließ Lothar den Rumänen aussteigen und setzte die Waffe zu seinem Kameraden über, der mit dieser nun seinerseits genau verfolgte, wie der Jäger auch Lothar in Sicherheit brachte.

Am anderen Ufer angekommen, gingen wir in ein Dorf, um zu übernachten. Am Dorfeingang fingen die Weiber zu weinen an, denn sie dachten, wir wären eine russische Patrouille. Als wir uns zu erkennen gaben, luden sie uns ein, gaben uns zu essen und zu trinken in Hülle und Fülle. Die Leute buken wunderbares Weißbrot, sie setzten uns auch Mámáliga vor (Brot aus Maismehl, Magenkleister haben wir es getauft). Nach dem anstrengenden Fußmarsch schliefen wir wunderbar. So endete der zweite Tag auf rumänischem Boden.

Am 28. März sollten auch die sowjetischen Truppen den Pruth erreichen. Auf dem ersten Kuvert setzt Lothar die Erzählung fort:

Am Morgen des nächsten Tages trieb ich mit Müh und Not eine Karte auf. Unser nächstes Ziel war Darabani. Dieser Ort lag genau im Süden, und wir brauchten nur die Sonne zur Orientierung. In Mihaileni übernachteten wir zwei bei netten Leuten.

Alle hatten solche Angst vor dem Russen. Mein Freund und ich lagen auf der Ofenbank, Schuhe und Röcke ausgezogen, unrasiert, und der Schweiß klebte in den wirren Haaren. So richtig müde Krieger. Die Stube füllte sich langsam, denn wo wir hinkamen, schien es Sitte zu sein, daß sich das halbe Dorf versammelte, um uns zu bestaunen und zu fragen, wo der Russe steht. Plötzlich höre ich unter all dem rumänischen Gemurmel eine helle hohe Mädchenstimme auf Deutsch „Guten Abend" sagen. Ich reiße die Augen auf, denn in der Türe steht ein Fräulein, modern angezogen, blaue Augen, blondes Haar, so richtig zum Anbeißen. Ich stieß Heinz an, der ganz eingenickt war, und dann versuchten wir, unsere schweißigen Beine zu verstecken. Im Laufe der nachfolgenden Unterhaltung erfuhr ich, daß die Olga, so hieß das Mädchen, aus einer Höheren Schule kam und vor dem Russen geflüchtet war (aus Czernowitz). Als sie gegangen war, fingen wir an, uns zu rasieren, zu waschen und die Uniform auszubürsten. Obwohl wir wußten, daß sie nie mehr wiederkommt.

Wir marschierten immer weiter durch die eintönige, wellige Landschaft am nächsten Tag. Die Häuser und Menschen sind aber sehr sauber, das ist der einzige Unterschied zu Rußland. Am fünften Reisetag marschierten wir in Dorohoi ein, doch alle deutschen Dienststellen waren am Vortag geflüchtet, und die Rumänen waren schon lange fort. So zogen wir weiter nach Süden. Wir gingen von der Straße runter, denn Gerüchte tauchten auf, daß der Russe durchgebrochen ist. Wir vertrauten auf unseren guten Stern, der uns bis jetzt begleitet hat, und gingen querfeldein auf kleinen Bauernwegen. Nach langem trafen wir wieder auf einen Fluß – und fanden keine Brücke. Wir hatten schon lange nichts zu essen, kein Dorf getroffen und hatten mächtigen Hunger. Nach langem Suchen fanden wird im Schlamm festgefahren einen riesigen Kahn, fast ein Ponton. Wir arbeiteten wie die Wilden, denn am anderen Ufer lag ein großes Dorf. Endlich hatten wir es ge-

schafft. Kaum betraten wir die große Dorfstraße, lud uns ein Bauer zum Essen ein. Wir waren jetzt in die Bukowina gekommen, die ehemals zu Österreich gehörte. Die Bukowiner fühlen sich als halbe Deutsche und zeigten uns mit Stolz ihre Kriegsverletzungen aus dem Weltkrieg. In keinem Hause fehlte der Teller mit Kaiser Franz Joseph und Wilhelm. In Fălticeni bogen wir rechts in die Karpaten ab, die wir in die Ferne sahen.

Mitten im Text ändert sich nun das Schriftbild. Lothar dürfte erst Tage später seinen Bericht fortgesetzt haben. Auf dem Weg von Dorohoi nach Fălticeni kam er mit dem Kompanieschreiber auch nach Botoşani, wo sie an der Friedhofsmauer Rast machten. Dort lag, wie er erst später erfahren sollte, sein Urgroßvater mütterlicherseits, der beim Eisenbahnbau in Rumänien an Malaria gestorben war. Lothar mußte auf diesem Marsch, auch wenn er darüber kein Wort verlor, in großer Sorge gewesen sein, der Fahnenflucht bezichtigt und als Deserteur gehängt zu werden. Er trachtete daher, sich so schnell wie möglich bei einer deutschen Frontleitstelle zu melden.

Nach der Flußüberquerung kamen wir auf eine große Straße, die nach Fălticeni führte. Als es Abend wurde, bogen wir in ein kleines Dorf unweit seitwärts der Rollbahn ein, doch wir fanden nur kleine, schmutzige Katen mit unfreundlichen Leuten. Wir trabten müde weiter und fanden nach ungefähr drei Kilometern zwei alleinstehende Gehöfte. Dort nahm uns die Frau sehr freundlich auf, und sie war um unser leibliches Wohl besorgt wie eine Mutter. Einen derart überreichen Küchenzettel haben wir schon lange nicht genossen, denn wir waren zwei Tage dort. Aber nicht freiwillig. Sondern am nächsten Tag wütete ein derartiger Schneesturm, wie ich ihn selten bei uns erlebt habe. Drei Meter hohe Wehen türmten sich vor unserem Haus auf. Gegen Mittag wollten wir weiter, aber wir waren kaum 400 Meter vom Haus entfernt, kehrten wir wieder um, denn der Wind hatte eine solche Stärke gewonnen, daß wir uns kaum aufrecht halten konnten, zumal wir gegen den Wind gingen. Doch diese unfreiwillige Haft wird uns nicht [...].

Am nächsten Tag tobte der Sturm immer noch, doch die Sonne schien. Wir warteten wiederum bis Mittag, aßen zur Stärkung wunderbare Nudeln mit Speck.

Im Laufe des Tages marschierten wir in Mălini ein. Doch hier war auch keine Kommandantur. Als dann der Weg nach rechts abbog, sahen wir schon in der Ferne einen schneebedeckten Gipfel der Karpaten. Todmüde suchten wir ein Haus zum Schlafen. Wir waren gerade dabei, Magenkleister (Mámáliga) und Milch zu verspeisen, da brachte der Sohn des Hauses eine Flasche Wein. Der schmeckte wie Rattengift. Ich war froh, als die Flasche unten war. Dann brachte er eine zweite, dann drei, vier und fünf. Wir brachten Heil und Vivats auf den Führer und Antonescu aus, und es war, obwohl wir uns kaum verständigen konnten, ein sehr vergnüglicher Abend. Merkwürdigerweise hatte ich am nächsten Tag keinen schweren Kopf. So marschierten wir wohlgemut gegen Westen. Die Straße führte auch wieder in die Bukowina, wo die Menschen wieder freundlicher waren. Bei unseren Quartiersleuten erfuhren wir auch einen kürzeren Weg durch das Gebirge.

Am frühen Morgen durchwateten wir einen Fluß und kamen dann auf eine Straße, wo uns ein LKW 26 Kilometer weit bis an den Fuß des Passes mitnahm. Es war die schönste Fahrt. Es ging entlang an reißenden Flüssen, wir sahen Brücken, und die Berge wurde immer steiler und wilder, fast wie bei uns im Riesengebirge. Je höher sich unser Wagen hochwand, desto mehr Schnee lag. Hier hätte ich auch Jäger sein sollen! Denn überall waren Wildspuren, Raubvögel zogen am Himmel ihre Kreise, und die schönsten Vögel sah ich hier in den Gebüschen.

Am Fuß des Passes fand ich die ersten Schneeglöckchen. Mit frischem Mut und Gejodel begannen wir den Aufstieg. Doch je höher wir kamen, desto stiller wurden wir. Die Lungen keuchten, und das Herz schlug fast bis zum Hals. Die Fetzen hingen schon ab, aber wir mußten vor Einbruch der Dunkelheit in einem Dorf sein. Endlich standen wir unter dem riesigen Steinkreuz, das die höchste Stelle kennzeichnete. Beim Abstieg rutschten wir mehr auf dem Hinterteil, als wir gingen. Doch auf der Gegenseite war kein Dorf zu sehen, nur verlassene Hirtenhütten standen am Wege. Es dunkelte schon, als wir in ein Dorf einmarschierten. In einem sehr netten Haus zogen wir ein. Die Frau überschlug sich fast an Hilfsbereitschaft.

Die nächsten Tage marschierten wir wenig, denn das Gebirge war so schön. Wir waren sehr verstimmt, da die Bevölkerung immer sturer und böswilliger wurde, es wurde uns aber klar, als wir einen Mann trafen, der uns auf Deutsch erklärte, daß vor Wochen Kosaken in deutschen Diensten ohne deutsche Aufsicht durch die Dörfer ritten und geplündert haben. Die Bewohner kennen natürlich keinen Unterschied. Aber als wir in ein kleines Gebirgsstädtchen kamen und uns als Deutsche zu erkennen gaben, lud man uns sofort in die Dorfkneipe ein, und wir schliefen im vornehmsten Quartier. […]

Am Ostertage kamen wir in Vatra Dornei an. Es ist eine kleine Kurstadt, fast wie Karlsbad. Dort fanden wir eine deutsche Kommandantur. Wir dachten, jetzt können wir uns auf die Eisenbahn setzen und zu unserem Truppenteil kommen, damit war aber nichts. Wir mußten einen Zug evakuierter Ukrainer bis zu einem bestimmten Ziel begleiten. Es waren fünf Wagen und zwei Tragtiere, 40 Ukrainer und eine Menge Klein- und Kleinstkinder. Jetzt ging es aber nur langsam vorwärts. Die Gäule waren schon weiter gelaufen als wir. Manche Familien waren aus Charkow, Poltawa und so weiter, die kleinen Kinder sind zum Teil auf der

Straße geboren. Der schwierigste Teil war der Abstieg vom Gebirge. Die Straße war nur zum Teil geteert, stundenlang ging es in Serpentinenstufen hinunter. Bei Dunkelheit trafen wir auf ein Dorf, die Bewohner waren unfreundlich. Und auch die ungarischen Behörden machten uns in Zukunft große Schwierigkeiten. Wir waren nämlich schon in Ungarn. Das alles ließ sich leicht ertragen, weil wir lauter nette Kameraden waren. Obwohl jede Waffengattung in diesem Begleitkommando vertreten war: Infanterie, Panzer, SS, Flieger und so weiter, lauter Versprengte.

Eine Woche nach Ostern rasteten wir einen Tag in einem Dorf mit rumänischer Bevölkerung. Hier ging es uns glänzend, denn die Rumänen feierten an diesem Tag das Osterfest. Da haben wir uns nach Wochen des Hungers prächtig erholt. Gefärbte Eier gab es in Hülle und Fülle, in jedem Haus wurden wir eingeladen zu essen. Leider mußten wir am nächsten Tag weiter. In zwei Tagen gelangten wir an unser Endziel, dort bekamen wir einen Marschbefehl und Löhnung in Pengö ausbezahlt.

XLIII

Rund einen Monat wird Lothar unterwegs gewesen sein. Vor ihm waren alle, die sich bei der Frontleitstelle zurückgemeldet hatten, zu bunt zusammengewürfelten Alarmeinheiten gekommen, was ein Himmelfahrtskommando bedeutete, weil sich in der Gruppe keiner kannte und auf den anderen verlassen konnte. Doch Lothar hatte wieder Glück: Er erhielt zusammen mit seinem Kompanieschreiber den Auftrag, vierzehn Männer, darunter einige Bürgermeister, die nicht in die Hände der Russen fallen sollten, nach Debrecén zu bringen. Diese machten sich aber, während Lothar mit dem Marschbefehl Verpflegung für sechzehn Mann holte, auf und davon.

Da stand er nun nicht nur mit Unmengen Wurst und Butter, sondern auch mit sechzehn Laib Brot, eingewickelt in zwei Zeltplanen. Sie wieder zurückzugeben war, weil das Scheitern des Auftrages offensichtlich geworden wäre, unmöglich. Und so stapelten die beiden Soldaten die Laibe in dem Beichtstuhl einer Kirche. Den ganzen Weg nach Debrecén über erheiterte sie die Vorstellung, was wohl der Pfarrer zu diesem Wunder der Brotvermehrung gesagt habe.

Von Debrecén nahm Lothar, gemäß seinem Auftrag, den Zug zur Frontleitstelle in Przemyśl, wo er entlaust wurde und einen Marschbefehl nach Bordeaux erhielt, da seine 11. Panzerdivision inzwischen, Anfang Mai 1944, in die Aquitaine an der Atlantikküste verlegt worden war. Ihn erwarteten also, was ihn fröhlich stimmte, Wärme, Kultur, Mädchen – und nicht der Heldentod. Und plötzlich fiel ihm ein, daß er seinen 20. Geburtstag, der am 28. April gewesen war, völlig vergessen hatte.

XLIV

Lothar fuhr aber nicht direkt nach Bordeaux, sondern zunächst ins schlesische Sagan, da sich dort die Verwaltung seines Truppenteils befand, und meldete sich bei seinem Offizier, der ihm, auf sein inständiges Bitten hin, drei Wochen Urlaub gewährte. Er werde zwar ein Telegramm erhalten, das ihn sofort zurückbeordere, aber er solle eben schauen, daß er, so meinte der Vorgesetzte, nicht erreichbar sei. Und so kam Lothar zur Freude seiner Eltern nach Reichenberg.

Er rief gleich Gustl Pfeiffer, mit dem er sich freiwillig zu den Panzern gemeldet und den Grundwehrdienst in Bamberg abgeleistet hatte, an, und sie vereinbarten, am Abend in den „Goldenen Löwen“, das Nobelhotel vis-à-vis dem Schloß

Clam-Gallas, Essen zu gehen. Gustl war 1943, im Gegensatz zu Lothar, gleich nach Rußland verladen worden, wo er schon nach wenigen Wochen einen Arm verloren hatte. Nun leitete er, aus der Wehrmacht entlassen, die Spinnerei seines Vater.

Lothar traf pünktlich im „Goldenen Löwen" ein und stellte sich, weil sein Freund noch nicht gekommen war, an die exzellent ausgestattete Bar, da an Soldaten immer wieder ein paar Whiskeys oder Cocktails ausgegeben wurden. Nach einiger Zeit rief Gustl an, er bedauere, aber eine Maschine sei kaputt, und er könne nicht kommen. Lothar blickte um sich, wie es seine Art war, trank aus und ging ins nahegelegene „Adria Kino", in dem gerade die „Deutsche Wochenschau" lief. Er ersparte sich den Bericht über die Kämpfe der Wehrmacht – nur zu genau wußte er mittlerweile, wie das Propagandaministerium die Wirklichkeit schönte – und rauchte im Wartesaal noch eine Zigarette. Unter einer der Neonröhren, die blondes Haar rötlich erscheinen ließen, entdeckte er ein Mädchen, das er gerne ansprechen wollte. Nichts fiel ihm ein, die Zeit drängte, er war, stellte er fest, schon völlig aus der Übung. Als die Fanfaren, die das Ende der Wochenschau signalisierten, aus dem Saal erklangen, stürzte Lothar auf sie zu: „Entschuldigen Sie, aber sind wir nicht zusammen in die Tanzstunde gegangen?" Sie verneinte. Und dann sagte er ihr, obwohl er sie noch nie zuvor in seinem Leben gesehen hatte, sie hieße doch Marianne. Sie hieß wirklich Marianne.

XLV

Lothar verliebte sich unsterblich in das Mädchen. Es besaß eine Heiterkeit, die all das vergessen ließ, was er in den letzten Monaten erlebt hatte. Marianne, die als Lehrling in einem

Miedergeschäft arbeitete, konnte steppen, sie machte Schabernack, sie verwöhnte ihn. Doch seine Eltern, denen er von seiner neuen Freundin erzählte, sprachen sich gegen sie aus. Denn Marianne war ein uneheliches Kind, ihr Vater zudem unbekannt.

Die wenigen Tage, die er noch hatte, wollte Lothar unbeschwert genießen. Er schlug Marianne vor, nach Wien zu fahren. Sie bekam frei, und das Telegramm, das er negieren durfte, gab ihm den Vorwand, sich von der Familie zu verabschieden. Seinen Vater um Geld zu bitten, wagte er nicht, weil er von ihm gefragt worden wäre, wofür er es denn brauche. Er borgte sich daher etliche Mark bei einem Bekannten aus, den er zufällig vor dem Bahnhof traf.

Tante Marti, die mit Manfred, ihrem Mann, in Gersthof lebte, nahm den „Bibi", wie sie Lothar weiterhin rief, und seine Freundin, die einen adretten Eindruck zu machen schien, auf. Ihre Neugierde aber bezähmte sie nicht: Sie schaute durchs Schlüsselloch, um zu sehen, ob das Mädchen, das an der Quelle verführerischer Unterwäsche saß, auch anständig gekleidet sei.

Lothar zeigte Marianne „sein Wien", die Großstadt, die für ihn kaum an Reiz verloren hatte, auch wenn die Denkmäler eingemauert und vielerorts Wasserbassins angelegt waren. Zumeist von seiner Cousine Elfi als Anstandsdame begleitet, gingen sie in den Prater, wo sie mit ein und demselben Ringelspiel 27mal fuhren, zum Heurigen und in die Volksoper, für die ihnen Tante Marti Karten verschafft hatte. Und weil es Onkel Manfred, dem Inspektor am Westbahnhof, gelang, Lothar im Kurierzug nach Paris unterzubringen, gewann sein Neffe noch einen weiteren Tag und eine weitere Nacht mit seiner Liebsten.

Doch dann passierte ein furchtbares Malheur. Die Großmutter, die seit dem Tod von ihrem Mann bei ihrer jüngeren Tochter, eben Tante Marti, im Kabinett neben der Küche wohnte, verplapperte sich am Telefon: Sie erzählte Anna, die ihren Sohn längst in Bordeaux wähnte, daß Lothar, welch Zufall, in Rumänien am Grab ihres Vaters gestanden habe, ohne es zu wissen, und das sei, meinte sie, doch eigenartig. Wieso sie über die Erlebnisse ihres Sohnes Bescheid wisse, wollte Anna wissen, aber sie wußte eigentlich schon alles. Lothar war mit Marianne bei Martha! Und ihre Schwester, die Schlange, sagte ihr, Anna, kein Wort davon. Daß Martha sie so schändlich hintergehen konnte, das traf sie, und daß die Schwester zur Verteidigung noch ihr Spionieren anführte und die Züchtigkeit des Paares beschwor, das machte die Angelegenheit für sie eigentlich noch schlimmer. Anna war erschüttert.

Für Josef, dem seine Frau tränenüberströmt die ganze Geschichte erzählte, stürzte eine Welt zusammen. Er war bereits verdutzt gewesen, denn er hatte Lothars Bekannten getroffen, der ihn um das von seinem Sohn geborgte Geld gebeten hatte. An ein solches Sodom und Gomorrha aber, ja, er verglich dieses Verhältnis mit Sodom und Gomorrha, hätte er nie im Leben gedacht. Das Geschäft zu erben, das könne er, Lothar, vergessen, schrie er seinen Sohn am Telefon an. Er brauche, setzte er nach, überhaupt nicht mehr wiederkehren, denn er, also Lothar, könne gar nicht sein Sohn sein. Dann paßt ja alles, erwiderte dieser, denn morgen fahre er an die Front, und wenn er sterbe, dann sei es ihm recht.

XLVI

Am 31. Mai 1944 kam Toni vom RAD, dem Reichsarbeitsdienst, heim und meldete sich, wie vor ihm sein großer Bruder, freiwillig zu den Panzern, die, wie es schien, weiterhin die größten Überlebenschancen boten. Um den Wehrmachtsbeamten, der die Daten aufnahm, günstig zu stimmen, gab ihm der Vater, der sich wegen seines Verhaltens gegenüber Lothar bereits schwere Vorwürfe machte, ein Taschenmesser von höchster Qualität mit. Es sollte seinen Zweck erfüllen.

Toni konnte nun nur auf den Einberufungsbefehl warten und genoß die Wochen, die in der Erinnerung zu den schönsten seines Lebens zählen. Er war viel mit Jenny, einer unehelichen Halbjüdin, unterwegs, die von ihrem Stiefvater, einem Bankdirektor und hohen SA-Mann, geschützt wurde. Auch ging er oft ins Kino, und die Eltern gestatteten ihm, Reitunterricht zu nehmen. Seine Tätigkeit im Geschäft sei eher symbolischer Art gewesen.

Mitte Juni, es war ein Sonntag, wahrscheinlich der 11., so gegen zehn Uhr, als er noch im Bett lag, brachte der Postbote das Einschreiben. Bereits zwei Tage später hatte sich Toni bei der Panzerersatz- und Ausbildungsabteilung 18 in Kamenz/Sachsen zu melden.

XLVII

Am 6. Juni hatten die Alliierten mit ihrer Großlandung in der Normandie begonnen. In Bordeaux hingegen blieb die Lage ruhig. Zuerst kam vom Oberkommando der Befehl, die 11. Panzerdivision in den Süden, nach Toulouse, zur 2. SS-Panzerdivision zu verlegen, kurz darauf aber wurde die zweite Panzerregimentsabteilung, so auch Lothars Einheit, in die Normandie beordert. Auf dem Weg nach Norden, zuerst mit der Eisenbahn, dann auf der Straße, beobachtete Lothar die Sternschnuppen am Himmel, die kurioserweise, wie er bemerkte, alle in die gleiche Richtung flogen. Es waren die V1-Raketen, jene schon lange von Hitler versprochene Wunderwaffe, mit London als Ziel. Auch wenn sie nicht die erhofften Erfolge brachten, sie gaben neue Kraft. Nun ging es gegen die Amerikaner und damit erst wirklich los. Es gab noch ein riesiges Besäufnis, die euphorische Stimmung muß unbeschreiblich gewesen sein. Sie währte freilich nur kurz.

Gleich nach ihrer Ankunft wurde die Einheit von der 12. SS-Panzerdivision „Hitlerjugend" übernommen und in die Schlacht geschickt. Die Materialüberlegenheit der Amerikaner war nicht nur erdrückend, sie war erschreckend. Keiner hatte mit einem solchen Inferno gerechnet, mit einer solchen Aussichtslosigkeit. Die Geschosse der Alliierten durchschlugen die Panzer der Deutschen, als seien diese aus Blech. Der Lärm, vor allem der von den Schiffen abgefeuerten Geschütze, war ohrenbetäubend und nahm kein Ende. In der Erinnerung nahm er wohl nie mehr ein Ende. Wenn Rußland schon furchtbar war, was war das dann jetzt?

Die Tage und Nächte in der Gegend zwischen Gacé und Dreux verschmolzen für Lothar zu einem einzigen Gefühl der Verzweiflung und Ohnmacht. Er war Fahrer oder Richtschütze, einmal kurz auch Kommandant, der Panzerturm wurde getroffen, aber die Mannschaft konnte sich retten, sie waren ein Team, in dem sich jeder auf den anderen verlassen mußte.

XLVIII

Anfang Juli, nach Ende des Schuljahres, kam Gerhard, nun vierzehneinhalb Jahre alt, für einige Wochen zu seinen Eltern. Von Lothar darum gebeten, ging er mit seiner simplen Fotokamera, einer Zeiss-Ikon „Box-Tengor", zu Marianne und lichtete sie in mehren Posen ab; die Abzüge schickte er seinem Bruder an die Front.

Obwohl er kürzlich, weil der Stimmbruch einsetzt hatte, aus dem Kapellknabenchor ausgeschieden war, wollte Gerhard weiterhin beim Ehepaar Zomack leben und, der gewonnenen Freunde wegen, das Gymnasium in Dresden besuchen. Seine Zieheltern hätten, sagte er, nichts dagegen einzuwenden. Der Vater stimmte schließlich zu. Schweren Herzens zwar, weil ihm auffiel, wie sehr sich sein Sohn in der Fremde weiterentwickelt hatte. Immerhin, eine unmittelbare Gefahr schien in Dresden nicht zu bestehen. Während alle anderen deutschen Großstädte von den Alliierten niedergebombt wurden, war die Stadt mit ihrem Ensemble herausragender Kunstdenkmäler von Luftangriffen verschont geblieben.

II.

Sonntag für Sonntag schrieb Toni seinen Eltern aus Kamenz. Einige der Briefe, so jener vom 9. Juli 1944, sind erhalten geblieben.

Liebe Eltern! Vergangene Woche bin ich am Mittwoch ins Krankenrevier gekommen, und zwar kam das so: Ich hatte schon ca. vierzehn Tage eine Geschwulst am rechten Oberschenkel, die mir erst nichts ausmachte, aber immer größer wurde. Wie ich Euch schon schrieb, mußten wir am Mittwoch zum Truppenübungsplatz nach Bora marschieren. Wir marschierten von 6 Uhr früh bis 7 Uhr nachmittags. Nur mit einer kurzen Rast. Als wir dann in Bora angekommen waren, sind mehrere umgefallen. Bora ist ein weit auseinandergezogenes, verlassenes Dorf, wo wir in den alten Häusern schliefen. Noch dazu klappte es mit dem Nach-

schub nicht, und wir bekamen sehr wenig zu essen. Jetzt zurück zu meiner Geschwulst. Als ich mich am Abend nach dem großen Marsch auszog, bemerkte ich, daß der ganze Oberschenkel rot war. Ich ging sofort zum Sanitäter. Dieser sagte, ich müsse mit dem nächsten LKW zurück nach Kamenz und ins Revier. Nun bin ich gestern vom Stabsarzt untersucht worden, und der hat das Ding gleich aufgeschnitten. Es hat ziemlich weh getan, aber jetzt kann ich schon wieder halbwegs laufen und komme wahrscheinlich am Dienstag zurück zur Kompanie. Jetzt ist es hier sehr warm. Was machen die Kaninchen? Sonst hätte ich nichts Neues zu berichten. Es grüßt Euch Euer dankbarer Sohn.

Zwei Wochen später, am 23. Juli, schrieb er:

Liebe Eltern! Heute ist wieder Sonntag, ich habe aber keinen Ausgang, da ich beim Luftschutzkommando bin, und das muß immer in der Kaserne bleiben. Aber das ist halb so schlimm, denn ich habe von der lieben Tante Gretl ein wunderbares Packerl mit Kirschen und einer sehr feinen ‚Rulle‘ [wie die „gute Milada“ immer zur Rolle, auch Roulade sagte] *bekommen. Den Brief von Vati und die Inspiroltabletten habe ich gestern erhalten. Von unserer Kompanie sind heute 25 Mann zu den Panzergrenadieren abgestellt worden. Gott sei Dank war ich da nicht dabei. Von der rein infantristischen gehen wir immer mehr zur Panzerausbildung über, das ist viel interessanter. Bitte schickt mir nächste Woche ein Stück RIF-Seife und eine Tube Zahnpasta. Sonst hätte ich eigentlich nichts zu berichten, und es geht mir im großen und ganzen ganz gut. Hoffentlich bietet sich bald Gelegenheit, daß mich vielleicht die Mutti oder der Gerti besuchen kann. Vorläufig ist aber nichts zu machen, denn nächste Woche kommen wir wahrscheinlich wieder auf vier Wochen ins Waldlager nach Bieler, dort sind nämlich die Ausbildungspanzer. Jetzt hätte ich bald vergessen:*

Schickt mir bitte eine Dose Puder mit, denn ich muß mir täglich die Füße pudern, weil wir doch immer so viel marschieren, und sonst reiben sie sich auf. Es grüßt Euch Euer dankbarer Sohn.

Lieber Gertari! Ich hoffe, daß Du mir bald wieder einmal schreibst. In brüderlicher Treue, Dein Bruder Toni.

L

Ende Juli befand sich Lothars Einheit bei Caen, sie konnte die Stellung bis Mitte August halten, dann brach weiter westlich die 3. US-Armee durch und rückte bis Nantes vor. Den Deutschen blieb schließlich nur mehr der Rückzug. In Paris traf Lothar, von den Greueln – auch in den eigenen Reihen – schockiert, durch Zufall auf einen bekannten Major, den er um Rückversetzung zur 11. Panzerdivision bat, die nun Teil der 19. Armee war. Lothars Wunsch wurde gewährt, auch wenn er, wie jeder SS-Soldat, unter dem Arm die eintätowierte Blutgruppe, eine Null, trug. Am 25. August eroberten die Alliierten Paris, die 12. SS-Panzerdivision „Hitlerjugend", bereits schwer angeschlagen, zog sich nach Besançon zurück.

LI

Eines Tages, es muß im Hochsommer gewesen sein, kamen zwei Männer von der Gestapo in Josefs Geschäft und führten Paul Schmit, den Geschäftsführer, ab. Er soll sich, erzählte man sich danach, an die Sekretärin von Konrad Henlein, dem Gauleiter, herangemacht haben, um an Informationen zu gelangen.

Josef versorgte ihn, solange er im Kreisgericht inhaftiert

war, mit Lebensmitteln und Seife. Doch dann sollte Schmit ins KZ überstellt werden. Der erste Versuch, seinem Arbeitgeber einen Kassiber zukommen zu lassen, der „einige Winks für die Jahresabschlußbilanz" enthalten habe, mißglückte. Später aber, Mitte Jänner 1945, traf bei Josef ein Brief ein, in dem Schmit über den Vorfall berichtete und ankündigte, die Adresse seiner neuen „Niederlassung", sobald sie ihm bekannt gegeben würde, mitzuteilen: „In sehnsüchtiger Erwartung des Friedens verbleibe ich Ihr sehr ergebener P. Schmit." Er kam ins Konzentrationslager Buchenwald. Er überlebte. Weiter ist nichts bekannt. In einem Brief, im Mai 1946 geschrieben, notiert er bloß, daß er dort „die tollsten Zustände zu erleben hatte".

LII

Mitte August war Gerhard wieder in Dresden beim Ehepaar Zomack. Und Toni kam doch nicht, wie er es erhofft hatte, zu den Panzern, sondern zum Panzergrenadier-Ersatzbataillon 108 nach Leisnig in Sachsen. Am 23. August schrieb er:

Liebe Eltern! Vorgestern Abend sind wir hier in Leisnig angekommen. Leisnig ist ein kleines Nest, und eine große Kaserne ist da. Wir müssen jetzt zwei Wochen Umschulung machen und kommen anschließend zum ROB[Reserveoffiziersbewerber]*-Lehrgang, der wahrscheinlich 16 Wochen dauert. Also werde ich noch eine ganz hübsche Zeit hier in diesem Nest verbringen. Landschaftlich ist es hier sehr schön. Es ist nämlich ein sehr bergiges Gelände mit tiefen Tälern und schönem Wald. Auf der Herfahrt habe ich Gertari in Dresden besucht. Ich hatte leider nur dreieinhalb Stunden Aufenthalt. Jetzt habe ich es Gott sei Dank schon überwunden, daß ich von den Panzern hierher zu den Panzer-*

grenadieren gekommen bin, denn im militärischen Leben soll man ja so wenig als möglich in seine Geschicke eingreifen, dann geht es immer am besten, und das Schlechteste ist es ja da auch nicht. Und übrigens habe ich einen ganz guten Eindruck von hier, was Behandlung und so weiter anbetrifft. Wenn der Vati wieder ein paar Brausetabletten bekommt, soll er sie mir bitte gleich schicken, denn die Hitze ist da ganz mörderisch, und die Flasche mit den guten Orangen geht zur Neige. Außerdem brauche ich ein Schloß für meinen Spind, denn ich habe meines in Kamenz vergessen. Nächsten Sonntag werde ich Euch schreiben, wie sich der Dienst hier so entwickelt. Bis dahin verbleibe ich Euer dankbarer Sohn Toni.

LIII

Am 29. August brach in Lyon, wohin sich Lothars Einheit zurückgezogen hatte, ein Aufstand aus. Die Panzer umstellten den Gebäudekomplex eines Warenhauses, aus dem Partisanen geschossen hatten, und erwiderten das Feuer. Es herrschte ein riesiges Chaos, der Kommandant gestattete die Plünderung. Lothar dachte zwar nicht daran, für seine Mutter Seidenstrümpfe zu „organisieren", obwohl sie haufenweise herumlagen, er nahm bloß eine Federboa mit, die er seiner Marianne schickte. Der Richtschütze schnappte sich einen ganzen Karton: Darin befanden sich 100 Paar weiße Handschuhe, die bei Beerdigungen von den Trauergästen ins offene Grab geworfen werden.

Fünf Tage später nahm die 7. US-Armee, vom Süden aus vorstoßend, Lyon ein. Die deutschen Armeen verloren Stadt um Stadt, zogen sich schließlich hinter den Westwall zurück, den die Alliierten Mitte September erreichten.

Anfang Oktober war Lothar, ausgebrannt und erschöpft, noch einmal und auf eigene Faust, weil er keinen Urlaubsschein hatte, für einen Tag daheim; es sollte der letzte Aufenthalt in seiner Geburtsstadt werden. Er besuchte seine Mutter in der Mondgasse und danach Marianne, die in der Nähe des Bahnhofs wohnte. Seinen Vater, der das Fräulein Schubert, wie sie hieß, aufgesucht hatte, um sie zu bitten, von Lothar abzulassen, wollte er, was ihm später aufgrund der weiteren Ereignisse leid tun sollte, nicht sehen.

LIV

Am 21. November 1944 schrieb Toni aus Leisnig:

Liebe Eltern! Wir waren jetzt wieder auf einer großen Übung in Königsbrück, und daher komme ich erst heute wieder dazu, einmal zu schreiben. Das Packerl mit der Marmelade und das halbe Stück Butter habe ich mit vielem Dank erhalten. Der Powidl war so fein, daß ich ihn nur so gegessen habe. Aufs Komiß-Brot war er mir viel zu schade. An der Wurst und der Butter habe ich mich auch gütlich getan. Aber mit dem Schal, liebe Mutti, hast Du leider fehlgegriffen. Ich brauche doch hier keinen Paradeschal, sondern einen der wärmt. Sonst geht es mir im großen und ganzen gut, nur wenn Ihr wieder einmal ein paar Äpfel habt, so schickt mir bitte welche. Ein paar dicke Kerzen würde ich auch von der Firma Trenkler brauchen. Wie geht es eigentlich Herrn Schmit? Habt Ihr wieder einmal etwas von ihm gehört? Ich mußte jetzt oft an ihn denken, denn im Raum Diedenhofen [= Thionville] *waren doch jetzt schwere Kämpfe. Wenn Ihr Herrn Schmit Nachrichten zukommen lassen könnt, so richtet ihm auch von mir schöne Grüße aus. Im Geschäft hoffe ich alles wohlauf und in*

Ordnung. Ich möchte gerne wieder einmal ins Geschäft reinschauen, wie alles jetzt aussieht, denn jetzt bin ich doch schon ziemlich lange von zu Hause weg. Wie ist denn das jetzt mit dem Volkssturm [zu dem laut einem Erlaß Hitlers vom September 1944 alle Männer zwischen 16 und 60 Jahren eingezogen wurden] *beim Vati? Muß er denn auch alle diese Übungen mitmachen? Na, es wird schon alles gut gehen. Viele Grüße, Toni. Wo ist denn eigentlich Lothari? Gilt noch seine letzte Adresse in Sagan? Schreibt sie mir bitte!*

Acht Tage später, am 29. November, meldete sich Toni aus der Unterkunft „Schwan“ in Hartha, ebenfalls Sachsen.

Liebe Eltern! Ihr werdet Euch wundern, daß ich jetzt von Hartha aus schreibe. Aber ich bin heute vor einer Woche hierher zum Marschbataillon versetzt worden. Ich bin hier bei der vierten Kompanie, und wir sind in einem Saal mit 130 Betten untergebracht. Wir machen eigentlich keinen Dienst, sondern betätigen uns in Kartoffelschälen, Fensterputzen, Hofkehren und so weiter. Trotzdem gefällt es mir hier gar nicht, denn man verdreckt ganz, weil auf überhaupt nichts geschaut wird. Ausgehen können wir jeden Tag. Ich komme wahrscheinlich in nächster Zeit auf Einsatzurlaub. Hoffentlich kann ich es so drehen, daß ich vielleicht gerade über Weihnachten zu Hause bin. Bestimmtes kann ich natürlich nicht sagen. Schickt mir bitte ein Stück RIF-Seife und zwei bis drei Taschentücher. Sonst wär‘ eigentlich nichts Neues. Herzlich Euer Toni.

Was wirklich vorgefallen war, sparte Toni in seinem Brief allerdings aus. Bei der Truppenübung in Königsbrück mit scharfer Munition, die er kurz erwähnte, verlor er einen der drei Ersatzläufe für das Maschinengewehr, die er als „Schütze 3“ in einem Futteral zu transportieren hatte. Seine Gruppe durfte bis spät in die Nacht nicht in die Quartiere, doch der Lauf blieb auch nach intensiver Suche verschwunden. Zurück in Leisnig, fand eine Untersuchung statt, die ebenfalls ergebnislos verlief. Toni wurden nun drei Tage Urlaub eingeräumt, um das Metallrohr am Übungsgelände zu suchen, ein ziemlich aussichtsloses Unterfangen angesichts der Weitläufigkeit des Gebietes. Er scheiterte denn auch und bekam drei Tage Arrest, in denen er Holzstückchen, den Treibstoff für die Holzvergaserfahrzeuge, in Säcke zu füllen hatte.

LV

Zu Mariä Empfängnis, am 8. Dezember, drei Tage nach seinem 15. Geburtstag, wurde Gerhard in die Marianische Kongregation aufgenommen, obwohl der Beitritt zu katholischen Organisationen strengstens verboten war. Die Weihehandlung fand in einer Kapelle des Dresdner Schlosses statt, an der auch seine Zieheltern, die Zomacks, teilnahmen, die hinter ihm, wie sie später erzählten, einen Engel zu sehen glaubten.

LVI

Zurück bei seiner Einheit in der Eifel, war Lothar auch an der verzweifelten Ardennen-Offensive beteiligt, die am frühen Morgen des 16. Dezembers unter der Leitung Generalfeldmarschalls Gerd von Rundstedt eröffnet wurde. Ersatzläufe für Maschinengewehre gab es zu Tausenden, Verpflegung fast keine. Als den Soldaten Rübenkraut, eine zähflüssige Melasse, gereicht wurde, wußte Lothar mit Bestimmtheit, daß der

Krieg verloren war, auch wenn man den Soldaten einreden wollte, daß nun, mit Überschalljägern, die Wende zum Guten eintreten werde.

Immer wieder las er die Briefe von Marianne, die nun, „im Kriegsjahr 1944/45“ als Schlosserlehrling arbeiten mußte, und sah sich ihre Bilder an. Auf der Rückseite eines Fotos, das sie in voller Arbeitsmontur zeigt, hatte sie in Reimen ihre Personenbeschreibung verfaßt, die heute fast nicht mehr leserlich ist: „Bin ein Lausbub erster Klasse, gehöre zu der blonden Rasse. [...] Lustig und fidel zu jeder Zeit, bin ich zum Aufmuntern einsamer Gesellen stets bereit.“ Marianne hatte Lothar noch ein anderes Foto, auf dem sie im Schnee stehend zu sehen ist, geschickt: „So wird die Landschaft sein, wenn Du auf Urlaub kommst“, notierte sie dazu. Doch weder sah sie ihn wieder, noch kam er auf Urlaub.

LVII

Toni saß währenddessen mit dem Marschbataillon in der „Unterkunft Schwan“ fest und verstand die Welt nicht mehr. Der Krieg drohte gerade, wie er meinte, zu kippen, der Feind rückte näher, und hier, mitten in Sachsen, waren vielleicht 500 junge Männer damit beschäftigt, den Turnsaal für die Weihnachtsfeier mit Schneebällchen und Flitter zu schmücken. Am 21. Dezember schrieb er:

Lieber Vati! Es ist nun das erste Mal zu Weihnachten, daß ich von zu Hause weg bin. Zuerst hatte ich ja gehofft, daß ich Urlaub bekomme, aber dann wurde halt nichts daraus. Unsere Militärweihnachtsfeier hatten wir gestern Abend. Wir bekamen ein feines Essen mit einem Trumm Fleisch, eine Wurst, einen Striezel,

Bäckerei, Drops und so weiter. Da haben wir uns alle so richtig einen angedudelt. Leider gab es nur ein Glas Grog, die wußten warum, und sechs Zigaretten. Unsere Bataillonskapelle spielte sehr schön – auch aus „Dichter und Bauer", da mußte ich an dich denken. Du hörst doch das so gern. Den Weihnachtsbaum wird ja heuer der Gertari machen müssen. Er wird es schon bringen. Zu Weihnachten werde ich im Geiste mit Euch feiern und aus alter Tradition hier in die Mitternachtsmesse gehen. Allen Gefolgschaftsmitgliedern wünsche ich auch fröhliche Weihnachten und ein glückliches und erfolgreiches Neues Jahr. Hoffentlich bringt uns das neue Jahr auch das Kriegsende, damit ich dann wieder im Geschäft sein kann. Mit den herzlichsten Weihnachtsgrüßen verbleibe ich Dein Sohn.

Von Josef hatte Toni eine Fotografie erhalten, auf der er zusammen mit seinen Eltern, einem Buben aus Westfalen namens Walfried, den Anna zu Hause aufgenommen hatte, dem Spitz, der „bösen Milada", dem Fäulein Schiel – sie war die Buchhalterin – und anderen Personen zu sehen ist:

Mein lieber guter Junge! Anbei zum Christkindl eine kleine Überraschung: Betriebsausflug der Firma Josef Trenkler, Großhandel Reichenberg, Wiener Straße 18a. Gott geb's, daß Du bald den Frieden heimbringst und wir Dich gesund wiederhaben. Dein Vater.

LVIII

Der Umsatz des Geschäftes, der 1942 noch bei 220.000 Reichsmark lag, war inzwischen auf knapp eine Million angestiegen. Josef spielte bereits mit dem Gedanken, unweit der Ursulinenkirche ein Grundstück mit Einfamilienhaus zu erwerben. Angesichts der bedrohlichen Entwicklung des Krieges nahm er aber, obwohl der Vertrag bereits aufgesetzt war, vom Kauf Abstand.

LIX

Die Alliierten bombardierten weiter die deutschen Städte, auch über Weihnachten, nur Dresden so gut wie nicht. Es ging sogar das Gerücht um, Sir Winston Churchill, der britische Premierminister, werde vom Zwinger aus den Frieden verkünden. Dennoch verlegte das Kapellknabeninstitut seinen Sitz nach Schrigiswalde. Die Staatsoper war bereits seit 1. September 1944, wie jede andere Bühne auch, nach einem Erlaß von Reichsminister Joseph Goebbels, geschlossen. Als letzte Vorstellung hatte man den „Freischütz" gegeben, in dem der Held einen Pakt mit dem Teufel schließt.

Mitte Jänner scheiterte die Ardennen-Offensive, 74.000 Soldaten der Alliierten und 90.000 der Wehrmacht wurden getötet, verwundet oder gerieten in Gefangenschaft. Die Amerikaner stießen zum Rhein vor, Lothars Einheit zog sich in das Gebiet von Düsseldorf zurück.

Toni hatte die Verurteilung zu drei Tagen Arrest zwar den ROB-Status gekostet, der Zwischenfall sollte sich letztlich doch als glückliche Fügung herausstellen: Während seine Kameraden des Marschbataillons in Budapest ohne jede Chance gegen die heranrückenden Russen ins Feld ziehen mußten, überstellte man ihn nach Dresden, in die abseits gelegene Kaserne Albertstadt. Bei einer Schießübung stellte der Ausbildner fest, daß Toni fehlsichtig war, und schickte ihn auf die Augenklinik. Am 14. Februar hätte er seine Brille abholen sollen. Doch dazu kam es nicht mehr.

LX

Zusammen mit seinen Schulkollegen vom „Staatskasten" wurde Gerhard immer wieder eingesetzt, den vor den Russen fliehenden Menschen, die in überfüllten Zügen am Neustädter Bahnhof eintrafen, beim Gepäcktragen und der Suche nach Notquartieren behilflich zu sein. Auch am Abend des 13. Februar, es war der Faschingsdienstag, machte er in der Winteruniform der Hitlerjugend Dienst. Die Stadt verbarg sich, wie jede Nacht seit Kriegsbeginn, in der Dunkelheit, nur im Bahnhof, hell erleuchtet, herrschte reges Treiben. Die Militärpolizei fahndete nach Deserteuren, die Schüler führten die Flüchtlinge zur Straßenbahn oder schenkten ihnen Nudeleintopf aus. Gegen Dreiviertel zehn Uhr ertönten, wie immer, wenn sich feindliche Flugzeuge näherten, die Sirenen. Keiner dachte sich viel dabei. Bisher hatte es nur zwei Luftangriffe auf die Industriegebiete am Stadtrand gegeben, die, etwa im Vergleich zu Hamburg und Berlin, kaum Schaden angerichtet hatten und als Fehlabwürfe bezeichnet worden waren.

Gerhard, davon überzeugt, daß die Entwarnung bald folgen würde, hielt es für unsinnig, in die Mathildenstraße zu Zomacks auf der anderen Seite der Elbe zu laufen. Er begleitete, um danach gleich wieder am Bahnhof arbeiten zu können, einen Kameraden namens Kleinhampel, der in der Nähe wohnte. Als sie dessen Wohnhaus betraten, sahen sie schon die „Christbäume", die weißen Leuchtkaskaden, vom Himmel fallen, die das Planquadrat, das es zu bombardieren galt, taghell erleuchteten. Ihnen folgten grüne Markierungsbomben und, von „Mosquitos" im Tiefflug abgeworfen, rote Zielmarkierer. Die britischen Piloten sollen, heißt es, gedacht haben, sie würden ein Giftgaswerk, etliche Munitionsfabriken und das Gestapo-Hauptquartier im Stadtzentrum zerstören.

Der Angriff dauerte nur 25 Minuten, von 22 Uhr 3 bis 22 Uhr 28, und doch schien das Grollen, das in ein dumpfes Donnern überging, nicht aufhören zu wollen. Einmal flackerte im Keller das Licht, doch es brannte weiter. Keiner sprach ein Wort. Irgendwann verebbte der Lärm, der Luftschutzwart öffnete die Tür, alles schien ruhig, auch auf der Straße. Im Asphalt steckten unzählige Stabbrandbomben, in der Umgebung brannte es lichterloh, nur das Haus von Kleinhampel, der mit seinen Eltern im obersten Stock wohnte, war nicht getroffen worden. Doch würde das Feuer bald auch auf dieses übergreifen. Die Bewohner und auch Gerhard rannten in die Wohnungen, um zu retten, was noch gerettet werden konnte. Mit jedem Gang wurde es heißer, und der Rauch nahm zu. Der bunte Schal, den Gerhard jedesmal, bevor er hinaufrannte, ins Löschwasser tauchte und vor den Mund band, war, wenn wieder ein Koffer, eine Tasche in Sicherheit gebracht war, staubtrocken. Nach einer Stunde oder zwei blieb nichts mehr zu tun. Der Reichsarbeitsdienst war bereits eingetroffen und übernahm die Löscharbeiten.

Gerhard wollte sich gerade auf den Weg in die Mathildenstraße machen, um nach den Zomacks zu sehen, da ertönten die Sirenen erneut. Wegzulaufen blieb keine Zeit, er mußte zurück in den Keller. Und saß mit den anderen, vielleicht zwanzig oder dreißig Menschen, von denen er, bis auf seinen Schulkameraden, niemanden kannte, in der Falle, denn das Haus, es brannte. Irgendwann ging zudem das Licht aus. Der Lärm von vorhin war nichts gegen das jetzige Getöse. Das Haus brannte weiter. Brannte nieder. Der Rauch quoll durch die Ritzen. Keine Sirene, die ein Ende verkündete. Wie lange die Luft noch reicht, die Decke noch trägt? Wann sie einstürzen wird? Gerhard, zusammengekauert neben seinem Kollegen auf der Bank längs des Raumes, starrte auf die Tür, durch die das Feuer kommen mußte. Der Rauch wurde immer beißender. Sie setzten sich die Gasmasken auf, die nichts halfen, weil die Filter nicht verwendet wurden. Und weiterhin keine Entwarnung.

„Wir müssen raus“, schrien die RAD-Männer schließlich, „sonst ersticken wir alle“. Jeder tauchte seinen Kopf in die Wasserbecken, damit die Haare durch den Funkenflug nicht Feuer fingen, dann öffnete einer die Tür, und sie rannten los, immer zwei und zwei, die sich eingehakt hatten, die Treppen hinauf in den Hinterhof und dann durch die Einfahrt auf die Straße. Sie duckten sich, so gut es ging, stemmten sich Schritt für Schritt gegen den ohrenbetäubend heulenden Sturm, den das Feuer allerorts entfacht hatte. Kinderwägen flogen durch die Luft, Plakatwände, Balken und Mülltonnen. Die anderen Menschen waren durch die Scheiben der Gasmaske nur irgendwie schematisch zu sehen als schwarze Flecken vor gelbrotem Grund. Der Staub und die Splitter peitschten Gerhard ins Gesicht, die Mauern stürzten links und rechts ein. Wann würde wohl ein Teil von oben, wo er sich nicht hinzuschauen traute, treffen? Das Ziel war die nächste Straße, sie war breiter, denn dann würde der Sturm, dieser unvorstellbare Feuersturm, auch weniger schlimm sein.

Die zweite Angriffswelle des „RAF Bomber Command“ hatte von 1 Uhr 23 bis 1 Uhr 55 gedauert. Nur eine halbe Stunde, und doch wie eine Ewigkeit. Jedes Gefühl für die Zeit war Gerhard längst verloren gegangen. Und selbst eine Ahnung von dem, was eben passierte, gab es nicht. Die schwarzen Gestalten mit den gebückten Rücken, die immer mehr wurden, kämpften sich vor zum „Zirkus Sarrasani“, wo Pferde verloren herumstanden, ans Ufer der Elbe, denn dort, in den Parkanlagen, konnten auf einen keine Trümmer fallen. Nun sah Gerhard die brennende, langsam in sich zusammensackende Altstadt, deren Schein noch 70 Kilometer weiter zu sehen gewesen sein soll, aber er warf keinen zweiten Blick auf sie, er marschierte mit den anderen in Richtung Osten zum Weißen Hirschen, einem Villenviertel weit außerhalb auf einer Anhöhe, das unbeschädigt vor ihnen lag. Dort gab es für sie bereits Verpflegung, Suppe und Wurst, auch Decken und Feldbetten, von den Behörden verblüffend perfekt organisiert. Sein Lateinprofessor Zipfel, den er durch Zufall traf, nahm ihn mit zu sich nach Hause, wo Gerhard, der auf der Flucht in eine riesige Pfütze gestolpert war, seine klammen Kleidern trocknen konnte.

Toni, stationiert in der Kaserne am Stadtrand, hatte die ganze Nacht über im Luftschutzbunker zu bleiben. Das Grollen war nur von ferne zu vernehmen gewesen, und das Ausmaß der Katastrophe blieb ihm vorerst noch verborgen: Von seinem Standort aus konnte man nur die gewaltigen Rauschschwaden und tiefschwarzen Wolkenmassen über der Altstadt erkennen. Es sollte aber, erzählte man sich, Furchtbares passiert sein. Der Verdacht bestätigte sich, als er keine Erlaubnis erhielt, nach seinem kleinen Bruder zu suchen, der die Nacht über in der Mathildenstraße verbracht haben mußte. Die Altstadt war zum Sperrgebiet erklärt worden, mit seinen Kameraden hatte sich Toni in der vergleichsweise wenig zerstörten Neustadt an den Aufräumungsarbeiten zu beteiligen.

Der Gymnasiallehrer hatte seinen Schüler zu bleiben beschworen, doch Gerhard wollte nach der kurzen Nacht zum Aschermittwoch, in der er nur aus Ermattung eingeschlafen war, zurück, um endlich Gewißheit über seine geliebten Zieheltern zu erhalten. Tausende kamen ihm auf dem Weg entlang der Elbe entgegen, der Menschenstrom wollte nicht abreißen. Er ging über die Albertbrücke in Richtung Altstadt, am Sachsenplatz begegneten ihm Christian Just, ein Mitschüler, und dessen Mutter, die in der Parallelstraße gewohnt hatten. Der „lange Laban" erzählte, daß sie sich nur in den „Großen Garten" hätten retten können, sein Vater hätte die Nacht auf der Bürgerwiese verbringen wollen, sie wüßten nicht, was mit ihm sei, sie hätten ihn nirgends gefunden. „Geh nicht weiter!", sagte er zu Gerhard. „Es ist alles tot."

Der Vierzehnjährige ließ sich aber nicht abbringen, wünschte den beiden Glück und setzte seinen Weg fort. Überall lagen Leichen. Irgendwann war kein Weiterkommen mehr, Gerhard kehrte um, schockiert vom Grauen rings um ihn. Zurück am Neustädter Ufer, im Rosengarten, kündigte ein bedrohliches, immer lauter werdendes Brummen ein neuerliches Bombardement an. Gerhard sah sich kurz um und wußte, daß er nirgendwohin konnte. Er ließ sich auf den Bauch fallen, verbarg seinen Kopf in den Armen. Überall schien es nun einzuschlagen, links und rechts neben ihm spritzten die Erdfontänen hoch. Diese gellenden Pfiffe der Geschosse, diese Trommelwirbel, die sich überlagerten, diese dumpfen Explosionen im Hintergrund: Irgendwann hielt er es nicht mehr aus. Nur raus, dachte er sich, nur raus. Gerhard stand auf, benommen, und ging, eingehüllt in eine Watte aus Lärm, los, um Christian Just einzuholen und seine Mutter, ohne die „Mustangs" über seinem Kopf oder sonst irgendetwas zu beachten. Ein Soldat riß ihn plötzlich zu Boden: „Bist du verrückt, da so zu gehen?"

In der Nacht hatten zuerst 243, dann 529 viermotorige „Lancaster" insgesamt 1.181 Tonnen Brandbomben sowie 1.478 Tonnen Minen- und Sprengbomben abgeworfen. Nun, zwischen 12 Uhr 17 und 12 Uhr 30, setzten 311 amerikanische B-17-Bomber, sogenannte „Fliegende Festungen", das Zerstörungswerk fort. Der Flugplatz in Dresden-Klotzsche wurde nicht getroffen. Und einen weiteren Tag später flogen

210 „Flying Fortresses“ noch einen vierten Angriff auf Dresden.

Am 16. Februar endlich erhielt Toni die schriftliche Erlaubnis, die Todeszone betreten zu dürfen. Atemlos vor Angst und Verzweiflung, geschüttelt von einem unerträglichen Gefühl der Einsamkeit, kletterte er mit Stahlhelm und Gasmaske über Trümmer und verkohlte Leichen, bis er zu jener Stelle der Mathildenstraße kam, an der noch vor kurzem das Haus Nummer 35 gestanden hatte. Es war einfach pulverisiert. Beißender Geruch drang aus den Kellern und lag über der gespenstischen Szenerie. Auf einem Stück Karton, den jemand mit einem Ziegelstein befestigt hatte, stand: „Alle Insassen tot.“ Toni hatte nicht den geringsten Zweifel mehr. Er rannte über die Berge von Schutt zurück und gab bei einem der mobilen Notpostämter, die überall aufgestellt wurden, eine Postkarte an seine Eltern auf. Er, Toni, lebe, aber Gerti sei tot.

Zurück in der Kaserne, wurde er mit seinen Kameraden zum Schaufeln der Massengräber eingeteilt. Morgen für morgen mußte jeder ein Wasserglas Schnaps trinken, um den Anblick der Leichenberge ertragen zu können. Die Arbeit wurde völlig apathisch getan. Anfangs legte man noch die Menschenreste nebeneinander, um sie zu registrieren und identifizieren, doch das Unterfangen war aussichtslos, und die Seuchengefahr stieg stetig. Nach jeder Schicht Leichen streute man als Desinfektionsmittel eine Lage Kalk. Es stank bestialisch. Die Soldaten kamen mit dem Ausheben der Gräber nicht mehr nach. Am Altmarkt wurde schließlich ein Scheiterhaufen errichtet, um die mit Pferdefuhrwerken herangekarrten Toten zu Tausenden zu verbrennen. Dieser Anblick blieb Toni erspart, aber all die Tage konnte er nur eines denken: Den nächsten, den ich in die Grube werfe, das wird mein Bruder gewesen sein.

LXI

Wenige Tage später gegen Abend, als Toni, weil ihm ein Backenzahn hatte gezogen werden müssen, allein im Mannschaftsraum saß, trat bei der Tür ein hageres Bürschchen mit einem viel zu großen Stahlhelm ein, das eine Gasmaske und einen Leinensack umgehängt hatte. Die Schmerzen waren schlagartig vergessen: Vor Toni stand, er konnte es anfangs nicht glauben, sein kleiner Bruder, dessen skurrile Erscheinung ihn sogar zum Lachen brachte.

Gerhard packte einen Kuchen aus, den seine Mutter gebacken hatte, und während sie aßen, erzählte er, wie es ihm ergangen war. Der Soldat, der ihn zu Boden und sich dann über ihn geworfen hatte, dürfte ihm wohl das Leben gerettet haben. Nach Ende der Detonationen war er weitergehastet, um, was ihm auch gelang, Christian Just und dessen Mutter einzuholen, die noch bei einer Mauer am Boden lagen. „Der Angriff ist jetzt vorüber", hatte er zu ihnen gesagt, und sie beschlossen, so schnell wie möglich die Stadt zu verlassen; Bruder Toni, den er noch wenige Tage vor dem Angriff in der Kaserne besucht hatte, aufzusuchen, war Gerhard in der Panik nicht in den Sinn gekommen. Entlang der Straßenbahnschienen gingen sie bis Bühlau, dann weiter bis Weißig. Unterwegs begegnete ihnen Kleinhampel, mit dem Gerhard die Nacht im Luftschutzkeller verbracht hatte.

Bei einer Kontrollstelle der Wehrmacht warteten die drei, bis sie ein Heeresfahrzeug mit Anhänger, das zwei Geschütze geladen hatte, auf der Ladefläche bis Bautzen mitnahm, von wo aus schon das Wummern der herannahenden Front zu hören gewesen sein soll. Aus Angst vor weiteren Angriffen gingen sie nicht zum Bahnhof, sondern zu Fuß die dreizehn Kilometer weiter nach Schirgiswalde. Die beiden Justs fanden dort

Aufnahme bei Verwandten, Gerhard suchte die Mutter seines Kollegen Rösler, mit dem er bei Zomacks gewohnt hatte, auf, ohne ihr etwas über das Schicksal ihres Sohnes sagen zu können. Am nächsten Tag bestieg er einen Güterzug, der nach Reichenberg fuhr.

Bei seinen Eltern hielt es ihn aber nicht lange: Er wollte sich endlich auf die Suche nach den Zomacks machen. Der Vater ließ ihn, ausgestattet für alle Eventualitäten, ziehen. In Schirgiswalde schloß sich ihm die Mutter des kleinen „Rasl" an. Ohne Probleme fuhren sie in den Hauptbahnhof von Dresden ein, der bereits wieder instand gesetzt war, auch wenn die Halle nur mehr aus einem stählernen Gerippe bestand.

Keiner hinderte sie, sich durch die gespenstische Szenerie auf Trampelpfaden bis zur Mathildenstraße durchzuschlagen. Ihnen begegneten bloß ein paar Menschen, die mit Haken im Schutt wühlten oder Stützpfeiler errichteten, und Soldaten, die auf Karren Leichen zogen. Wohin sie auch blickten, alles war zur steinernen Wüste geworden, aus der bizarre Formen, die Reste der Grundmauern, herausragten. Sie sahen den Zettel „Alle Insassen tot", und aus dem Keller, den sie nicht zu betreten wagten, kam es noch immer heiß herauf. Die Vermutung war Gewißheit geworden. Fassungslos gingen sie weiter in Richtung Neustadt und registrierten, was binnen Minuten ausradiert worden war: alle Orte, alle Gebäude, die in den letzten viereinhalb Jahren für Gerhard von Bedeutung gewesen waren. Das „Schwarze Haus" zerbombt, das Schloß gegenüber eine Ruine, die Semper-Oper ausgebrannt, der Zwinger zerstört, die Frauenkirche ein Trümmerhaufen, die Augustusbrücke eingestürzt, der „Staatskasten" in Schutt und Asche.

Insgesamt 13 Quadratkilometer waren dem Erdboden gleich gemacht worden; die Zahl der Todesopfer wurde auf 40.000 bis 60.000 geschätzt. Von seinen Kollegen verlor Gerhard neben „Rasl“ nur noch seinen Klassenkameraden Klaus Weigert, viele hatten, wie auch Konrad Wagner, der in einen Brunnen gefallen war, das Bombardement nur durch Zufall überlebt. Probst Beier, Otsel und Uwin, die Nazareth-Schwestern und die weiteren Bewohner des „Schwarzen Hauses“ waren äußerlich unversehrt im Keller entdeckt worden: Eine Luftmine hatte ihnen die Lungen zerrissen.

LXII

Nach Reichenberg zurückgekehrt, besuchte Gerhard wieder jenes humanistische Gymnasium, in dem er schon die erste Klasse absolviert hatte, und freundete sich mit Cornelius Albrecht an. Der Unterricht fand, weil das Gebäude als Lazarett verwendet wurde, disloziert in einem Wohnhaus nächst dem Neustädter Platz statt. Als „Fliegergeschädigter“ erhielt er einen „Sonderbezugsschein“ für Schuhe, Hemden und einen Anzug.

Am 5. März wurde, was zu erwarten gewesen war, auch sein Jahrgang eingezogen. Um sich dem Zugriff der SS zu entziehen, hatte sich Gerhard auf Anraten von Hans Zomack bereits in Dresden freiwillig zur Kriegsmarine gemeldet, weil diese als unpolitischer, am wenigsten nazistisch durchsetzter Teil der Armee galt. Bei der Assentierung von SS-Werbern bedrängt, konnte er daher auf seinen Marine-Betreuungsoffizier verweisen. In den Reitstiefeln von Lothar, die er sozusagen geerbt hatte, versah er dann am Nachmittag den Dienst bei der Marine-HJ: Die Burschen ruderten mit dem Boot über die Talsperre, einen kleinen Stausee am Stadtrand, um nach dem Rechten zu sehen oder patrouillierten am Ufer auf und ab. Hätte jemand einen Anschlag zu verüben versucht, sie hätten, auch wenn sie sich ungemein wichtig fühlten, den Damm nicht schützen können. Auf einem dreitägigen Wehrertüchtigungslager wurde der 15-Jährige in den Gebrauch der Schußwaffe eingeführt, seine Treffsicherheit soll aber enttäuschend gewesen sein.

Eines Tages im Spätwinter kam Schecki, der Spitz, nicht heim. Es hieß, die Straßenbahn habe ihn überfahren, und die Passanten hätten sich um den Kadaver gestritten.

LXIII

Die Niederlage Deutschlands war nicht mehr abzuwenden. Am 6. März nahmen die Alliierten Köln ein, tags darauf überschritten die Amerikaner bei Remagen den Rhein, und die Rote Armee stand bereits in Pommern. Am 15. März verfaßte Josef sein Testament, das er mit „Euer Vater“ unterzeichnete. Zu seinen Erben ernannte er seine Frau Anna, geborene Werner, und seine drei „derzeit noch minderjährigen Kinder“:

Hinsichtlich der Fortführung meiner Firma bestimme ich, daß dieselbe in eine Familien-Kommandit-Gesellschaft umgewandelt werden soll, in welche jeder Erbe seinen ererbten Anteil an meinem Unternehmen als Einlage einbringt, doch soll meine Gattin, gleichgültig, ob sie im Unternehmen weiterarbeitet oder nicht, bis an ihr Lebensende am Reingewinn meinen Söhnen gegenüber mit dem doppelten Anteil beteiligt sein.

Beigefügt war eine Liste mit den vorhandenen Wertpapieren. Josef hatte Sparbücher nicht nur bei drei verschiedenen Instituten in Reichenberg angelegt, sondern, in weiser Voraussicht, auch bei den Sparkassen in Prag und Wien. Zudem befanden sich „fünf Pakete Waren" bei einem Drechsler in Wallern, einen „Korb Wäsche" hatte der Vater bei der Autoreparaturwerkstatt Josef Zeutz in Reichstadt abgestellt; in diesem befand sich, wohl verborgen, einer der drei Krüge der „Biersterns".

LXIV

Die Alliierten waren bereits ins Rheinland durchgebrochen. Lothar, zum Unteroffizier befördert, mußte, weil die Deutschen keine Panzer mehr hatten, im Westerwald als Infanterist kämpfen. Beim verzweifelten Versuch, den amerikanischen Brückenkopf bei Remagen einzudrücken, geriet er in einen Jabo-Angriff. Zusammen mit seinem Feldwebel lag er in einem zimmergroßen Trichter mit Grasnarbe, der nicht von einer Bombe herrühren konnte. Hier mußte früher, dachte sich Lothar zwischen zwei Angriffswellen, in vorgeschichtlicher Zeit Erz abgebaut worden sein. Doch dann preßte ihn eine Explosion gegen den Boden, daß er fast besinnungslos wurde, und die Fingerspitzen krallten sich in die Erde.

Als es wieder ruhig geworden war, blickte er zitternd auf und sah, daß der Spieß schwer verwundet worden war. Überall Blut. Er beugte sich über ihn, drückte das glitschig-glänzende Gehirn, das aus der Stirn ausgetreten war, mit der Kappe, denn Verbandszeug hatte er keines mehr, zurück in den Schädel, ohne es vorher zu säubern, denn das sollte man, war ihm eingebläut worden, unterlassen, und als er da so verzweifelt hantierte, nicht ein und aus wußte, nach den „Sanis" schrie, ohne daß er gehört wurde, durchdrang ein Projektil seinen Rücken.

LXV

Einen Tag später, am 22. März, schrieb Toni, der inzwischen zur Unteroffiziersschule für Panzertruppen nach Eisenach in Thüringen überstellt worden war, nach Reichenberg:

Lieber Bruder Gertari! Der Zweck meines gegenwärtigen Schreibens ist, Dich zu bitten, mir wieder einmal etwas zum Lesen zu schicken. Wir sind jetzt vom Waldlager in einen kleinen Ort gekommen und liegen in der Gemeindeschenke. Landschaftlich ist es sehr schön hier – überall freundliche Fachwerkhäuser. Aber leider sind die Leute sehr ablehnend, wenn sie etwas zum Essen herausrücken sollen, das ist ja schließlich die Hauptsache. Aber ich habe auch auf diesem Gebiet schon wieder meine Fühler ausgestreckt, um etwas flüssig zu machen. Wie ich ja schon beschrieben habe, bin ich hier auf einer Schule bei der schweren Kompanie beim PAK-Zug, das sind die 7,5 Kanonen. Der Dienst ist jetzt immer noch im Maß des Erträglichen. Wenn das die ganzen acht Wochen so geht, bin ich zufrieden. Hoffentlich geht zu Hause alles klar. Sonst kann passieren was will. Bitte schicke mir bald einen Roman!

Kurze Zeit später wurde die bestens ausgestattete Einheit mit dem Zug mitten ins Kampfgebiet nahe Kassel verlegt. Toni und seine Kameraden dachten, als sie nach dem hektischen Abladen der leichten Panzer, der Raketenwerfer und der Panzerabwehrgeschütze ehrfürchtig vor dem gesamten Kriegsmaterial standen, nun würden sie es den Alliierten noch einmal richtig zeigen. Doch dann verteilte sich die Kompanie in den Wäldern, und nichts mehr blieb zu demonstrieren: Es gab keine Front mehr, die Amerikaner beherrschten den Luftraum. Wie einsame Ritter streiften sie mit ihrer Zugmaschine durch die hessisch-thüringische Landschaft und feuerten, wenn der Befehl kam, mit der 7,5 PAK gegen den Feind, der schon überall zu lauern schien. Waren zwei, drei Schuß abgefeuert, mußten sie so schnell wie möglich irgendwo in Deckung gegen, denn spätestens zehn Minuten später trafen die Jagdbomber ein.

Woche um Woche verging, sie hatten genügend zu essen, die Bevölkerung unterstützte sie, und in den Dörfern gab es viele Mädchen, die willig gewesen sein sollen. Einmal aber wurde die Gruppe von Toni, als sie gerade einen Angriff vorbereitete, entdeckt, und die Jabos donnerten in Schleifen derart niedrig über den Köpfen vorbei, daß man den Piloten ins Auge sehen konnte. Der Atem stand Toni still, den, wehrlos und dem Höllenlärm ausgesetzt, ein Gefühl der Ohnmacht befiel. Den glorreichen Krieg hatte er sich anders vorgestellt. Nach der Attacke mußte er zitternd die schwelenden Granaten und die vollen Handgranatenkästen, die auf der Pritsche vor sich herbrannten, von der Zugmaschine abladen. Wie durch ein Wunder explodierte nichts. Weil der Motor beschädigt worden war, requirierten sie zwei Ochsen, um das Fahrzeug in die nächste Ortschaft zu schleppen. Zur Reparatur sollte es nicht mehr kommen: Deutschland kapitulierte in der Nacht vom 8. auf den 9. Mai, die Truppenreste lösten sich auf. In Reichensachsen fiel Toni in die Hände der Belgier, die ihn mit vielleicht zwei, drei Dutzend Kameraden im Festsaal eines Gasthaus gefangen hielten.

LXVI

In Reichenberg hatte es in den letzten Kriegstagen den einen oder anderen Fliegeralarm gegeben, eigentliche Kampfhandlungen jedoch keine. Ein nicht enden wollender Zug von deutschen Soldaten, deren Einheiten sich mehr oder weniger aufgelöst hatten, strömte mit Gepäck und Fortbewegungsmitteln aller Art zum Bahnhof. Am Vormittag des 2. Mai erhielt Gerhard mit der Post die Einberufung zum Arbeitsdienst, am Nachmittag marschierte die Rote Armee in die Stadt ein. Vom Schlafzimmer der Eltern aus fotografierte Gerhard, wie sich ein Russe in der Adlergasse ein Fahrrad beibog. Die Mutter riß ihren Sohn vom Fenster weg.

Als Karl Dönitz, der Nachfolger Hitlers, am 9. Mai bekannt gab, daß die deutschen Waffen ab Mitternacht schweigen würden, errichteten die Tschechen an allen wichtigen Kreuzungen in Reichenberg Kontrollen. Da und dort wurde geschossen. Einmal blieb Gerhard, von den Eltern telefonisch verständigt, über Nacht im Kapuzinerkloster, bei dessen Patres er, wie so oft, zu Besuch war, um in keinen Tumult zu geraten.

Präsident Edvard Beneš, der 1940 in London ein Exilparlament gegründet hatte, war bereits nach Prag zurückgekehrt und übernahm, unterstützt von den Kommunisten, die Macht. Das neue Regierungsprogramm, bereits am 5. April 1945 proklamiert, sah die Errichtung eines Wohlfahrtsstaates, die Verstaatlichung der Industrie und der Banken, die Ersetzung der Distrikts- und Gemeindeverwaltungen durch Nationalausschüsse sowie Säuberungen in den Bereichen Erziehung und Kultur vor. Am 19. Mai stufte Beneš die Sudetendeutschen in einem Dekret als „staatlich unzuverlässige Personen" ein, deren Vermögen unter Aufsicht zu stellen sei. Ein „nationaler Verwalter", ein Ingenieur der Skoda-Werke, übernahm daraufhin das Geschäft von Josef, der es nun als Angestellter weiterführen durfte.

Jeder Deutsche hatte als Erkennungszeichen eine weiße Armbinde zu tragen und mußte, um Lebensmittelkarten zu erhalten, eine Beschäftigung nachweisen. Gerhard, der eine

Anstellung bei der tschechischen Caritas fand, wurde angewiesen, in einem Keller mit dem Hammer Kohlenbrocken zu zertrümmern oder aus einem riesigen Berg Kartoffel die verfaulten zu klauben. Später durfte er, was ihm Freude machte, einem Orgelstimmer bei der Arbeit helfen.

LXVII

Die Verpflegung der Belgier war zwar ausreichend, Kriegsgefangener mit ungewissem Schicksal zu sein, behagte Toni aber nicht. Zusammen mit Willi Westerwald, einem Kameraden, brach er des Nachts die Tür in die Freiheit auf. Am nächsten Morgen beobachteten sie aus ihrem Versteck, wie die anderen aus der Einheit, die sich ihnen nicht angeschlossen hatten, auf Lastkraftwägen abtransportiert wurden. Sie schlugen sich zu einem Bauernhof durch, den Willi Westerwald von einer Erntehilfe her kannte, und tauschten dort, um sich auch tagsüber bewegen zu können, die Uniform gegen Zivilkleidung. Zwei, drei Tage später trafen sie in Frankfurt am Main ein, wo die Familie des Kameraden lebte. Als Toni sah, wie in der Küche mit der Kaffeemühle ein paar Schrotkörner gemahlen wurden, weil es kein Brot gab, wußte er, daß er hier nichts verloren hatte.

Im Vertrauen auf seinen Vater zog er los in Richtung Reichenberg. Das Wetter sei prächtig gewesen, und wenn er, der Achtzehnjährige, irgendwo am Weg um etwas zu essen bat, habe er immer reichlich bekommen. In Bad Kissingen sei er geradezu wie der Hans im Glück in der Stube gesessen, denn die Bäuerin, die ihm auch ein Bett für die Nacht gab, verwöhnte ihn mit Fleisch und Leckereien. In der Schule hätte sie, soll sie gesagt haben, von den sieben Barmherzigkeiten gelernt, jetzt sei es wohl an der Zeit, diese auch zu leben.

Wenige Kilometer vor Zittau stieß Toni, als er einen Bahndamm entlang ging, auf zwei russische Soldaten mit dem Gewehr im Anschlag. Sie nahmen ihm, nach wie vor Mitglied der Wehrmacht, sein Pappköfferchen ab, in dem sich neben den wenigen Habseligkeiten auch ein Kanten Brot und zwei Messer befanden. Der Jüngere stopfte alles in seinen Sack, doch der Ältere bedeutete ihm, eines der beiden Messer zurückzugeben. Dann ließen sie Toni, der zuerst gar nicht verstand, was ihm geschehen war, laufen, ohne nach seinen Papieren zu fragen.

Am Bahnhof mußte er feststellen, daß es bereits strenge Kontrollen gab. Die Grenze zur Tschechoslowakei zu passieren, würde so leicht nicht sein. Immer wieder aber hielten Züge, in denen die Zwangsarbeiter aus den ehemaligen Ostgebieten in ihre Heimat zurückkehrten. Einigen ukrainischen Mädchen, die am Abend lachend ihre Köpfe aus dem Fenster herausstreckten, erklärte er schließlich seine Lage. Sie bedeuteten ihm, schnell einzusteigen, und verbargen ihn unter ihren Mänteln und Decken, die der Zollbeamte nicht weiter untersuchen sollte. Eine halbe Stunde später war er, überzeugt, wieder einen Schutzengel gehabt zu haben, in Reichenberg.

Er war, was ihn beunruhigte, die einzige Person auf der Straße und lief, weil er eine Ausgangssperre, die tatsächlich ab acht Uhr abends galt, vermutete, vorsichtig und über Seitengassen von Ecke zu Ecke. Endlich erreichte er unerkannt die Mondgasse. Josef, der die Tür öffnete, sah ihn zuerst fassungslos, schließlich kopfschüttelnd an. „Mein Junge“, sagte er: „Warum bist du denn nur nach Hause gekommen?“

LXVIII

Toni meldete sich am nächsten Morgen, es war der 12. Juni, bei den Behörden zurück und begann im Geschäft, das dem Vater enteignet worden war, als kaufmännischer Angestellter. Er hatte nun, da sein Name tschechisiert wurde wie die aller anderen Deutschen, Antonín zu heißen.

Am 21. Juni verfügte Beneš mit „augenblicklicher Wirksamkeit und entschädigungslos" die Enteignung des landwirtschaftlichen Vermögens, am 2. August im Dekret Nummer 33 den Verlust der tschechoslowakischen Staatsangehörigkeit aller „Staatsbürger deutscher Nationalität", also die Sammel-Ausbürgerung. Milada, die wieder auf der Leiter saß, sagte Josef und Toni, als sie das Geschäft betraten, mit tiefer Befriedigung ins Gesicht: „Alle Deitschen missen rauß!" Kaum ein anderer Satz tat je so weh.

LXIX

Der Vater hatte geahnt, daß ihnen, wenn der Krieg verloren war, Schlimmes widerfahren würde. Doch die Entschiedenheit und Brutalität, mit der die Tschechen bei der Vertreibung vorgingen, war jenseits seiner Vorstellungskraft gelegen. Männer wurden als lebende Fackeln verbrannt, Frauen vor den Augen ihrer Kinder vergewaltigt, ehemalige Hitlerjungen öffentlich zu Tode gemartert. Man trieb die Sudetendeutschen aus ihren Häusern und Wohnungen, pferchte sie in Lager oder jagte sie, ohne ihnen zu essen und zu trinken zu geben, über die Grenze. Aus der Lektüre der tschechischen Zeitungen und von seinen Geschäftspartnern wußte Josef nur zu gut, daß es keine Chancen gab. Doch was sollte er tun? Seine Familie schien dazu verurteilt, auf den Tag zu warten, an dem sie das Schicksal ereilen würde. Es war bereits alles vorbereitet. Man mußte die großen Beutel, die Anna aus jeweils zwei Schürzen zusammengenäht hatte, nur mehr an sich nehmen.

Auch in Reichenberg wurde Straße um Straße, abgeriegelt an beiden Enden, von den Deutschen gesäubert. Einmal geriet Gerhard, nun zum Möbelschleppen abkommandiert, in einen Zug von Delogierten. Soldaten mit Peitschen wachten darüber, daß keiner floh. Einer von den Tschechen, ein älterer, befahl Gerhard und den anderen Männern, das Möbelstück, das sie gerade geschultert hatten, abzustellen. Sie sollten mithelfen, das Gepäck der Vertriebenen ins Lager zu tragen.

Josef bat seine Frau, eine gebürtige Österreicherin, sich pro forma von ihm scheiden zu lassen. Denn ihr würden die Tschechen nichts anhaben, die Wohnung und die Möbel wären gerettet. Doch Anna ging auf den Vorschlag nicht ein. Sie war seine Frau in guten Tagen wie in schlechten. Und wenn sie vertrieben würden, dann nur gemeinsam.

Eines Tages, es muß Mitte September gewesen sein, tauchte ein Tscheche auf, der in Begleitung eines Polizisten war, um sich die Wohnung anzusehen. Sie dürfte ihm gefallen haben. Denn anderntags, um sieben Uhr in der Früh, erschien ein weiterer Polizist. Die Wohnung habe, sagte er, um acht geräumt zu sein.

Sie beluden den Leiterwagen, der hinter dem Haus neben den Hasenställen bereit stand, mit ihren Säcken und Koffern. Weil sie wußten, daß Marie, die mit dem Blinden verheiratet gewesen war, sie in ihrem Haus aufnehmen würde, brauchten sie sich nicht am Sportplatz einfinden, von wo aus sie nach Sachsen transportiert worden wären. Toni und Gerhard zogen den Wagen. Vor ihnen ging Anna Hand in Hand mit Josef. In der anderen trug der Vater einen Teddy, der Lothar, von dem sie nichts wußten, gehört hatte. Das Stofftier, an der kleinen Pratze gehalten, baumelte bei jedem Schritt.

Toni hastete zurück in die Mondgasse, um weitere Kisten zu holen. Obwohl die Stunde noch nicht um war, befanden sich bereits zwei tschechische Eisenbahner in der Wohnung. Sie standen an der Psyche der Mutter und rochen an den Parfums.

LXX

Vater und Sohn gingen trotz der fortschreitenden Vertreibungen weiter ins Geschäft; Gerhards Schule blieb geschlossen. Bei Marie schlief die Familie auf Matratzen, Platz gab es genug. Doch Josefs Bedrückung wuchs. Es war nur eine Frage der Zeit, bis auch der Privatbesitz der Schwester enteignet würde.

Von Lothar war zudem nichts in Erfahrung zu bringen. Aus Genf traf am 25. Oktober ein Antworttelegramm des „Internationalen Roten Kreuzes" ein, das keinen wirklichen Trost bedeutete: „VOTRE CABLE REGRETTONS POSSEDONS AUCUN RENSEIGNEMENT VOUS AVERTIRONS EN CAS INFORMATION."

Eines Abends, als die Familie mit Tant' Marie am Tisch saß, klopfte jemand derart wild an der Tür, daß alle dachten, es könnten nur Tschechen sein, die das Haus beschlagnahmen wollten. Doch es war Milada, die „gute Milada", die vom Bauernhof ihres Vater einen Korb mit Wurst, Eiern und Gemüse brachte. Sie erzählte Josef von den Verbrechen an den Deutschen und beschwor ihn, das Land so schnell wie möglich zu verlassen.

Anfang November traf das Erwartete ein. Das Haus hatte am nächsten Morgen geräumt zu sein. Die Familie zog weiter zu Lina, Josefs ältester Schwester, einer Witwe, etwas bucklig, die immer strickte und besonders höflich sein wollte. Sie sagte nie, es sei kalt, sondern nur, es sei kältlich. Die Aussichtslosigkeit der Situation war Gerhard, verliebt in ein Mädchen aus der Nachbarschaft, das Eva Rauch hieß, in ihrer Tragweite noch nicht wirklich bewußt: Sie half ihm, den Leiterwagen mit dem Delogierungsgut zu ziehen, und damit war jede Anstrengung verflogen.

Täglich redete Toni seinem Vater zu, sie müßten nach Wien fliehen, bevor es zu spät sei. Bereits vor Wochen hatte der Vertreter für die „Minimax"-Schaumlöscher vorgeschlagen, die Dienste einer Schlepperbande in Anspruch zu nehmen, doch Josef hatte nichts davon wissen wollen. Nun aber, da sich die Situation noch einmal verschärft hatte, schien ihm die Flucht, auch wenn sie ein ungeheures Wagnis war, die einzige Möglichkeit, die noch blieb. Er nahm das Angebot des Vertreters an, der als Kontaktmann zu den Schleppern, die Juden aus der Ukraine gewesen sein sollen, auftrat. In zwei Unterredungen hinter verschlossenen Türen wurden die Details besprochen. Pro Person wären 10.000 Reichsmark, eine beachtliche Summe, zu bezahlen, die Hälfte vorab, die zweite bei der Ankunft in Wien.

Der Vater akzeptierte. Er wußte, er hatte das Heil seiner Familie in die Hand eines Fremden gelegt. Denn was wäre, wenn die Männer Gauner waren? Sie würden, egal ob sie nun den Auftrag ausführten oder die vier Flüchtlinge ausraubten und den Behörden übergaben, immer den gesamten Lohn erhalten, da Josef das Geld mit sich führen mußte. Warum also sollten sie die Familie mit Sack und Pack – 50 Kilo pro Person, wie vereinbart – nach Wien bringen? Doch die Entscheidung war gefallen. Das Unternehmen „Brunnenzange" lief.

Toni war stolz auf seinen Vater. Auch Marianne Roth, einem bildhübschen brünetten Mädchen aus der Handelsschule, das er gerne näher kennengelernt hätte, riet er zur Flucht. Und gab ihr, die mit Lothars Freundin nur den Vornamen gemeinsam hatte, die Adresse von der Salierigasse in Wien, damit sie sich an ihn, Toni, wenden könne, wenn sie in Not wäre.

Es muß trotz allem die Hoffnung bestanden haben, irgendwann einmal wieder in die Heimat zurückkehren zu können. Gerhard versteckte in einem doppelten Boden über der Apsis der Kapuzinerkirche seinen Fotoapparat, seine Bücher und all das, was er auf der Flucht nicht mitnehmen konnte.

LXXI

Am späten Nachmittag des 7. Dezember erhielt Josef im Geschäft einen Anruf. Er stand auf, ließ alles liegen und stehen, nahm seinen Mantel und den Schal, trat aus der Kanzlei und ging nach vorne in den Verkaufsraum. Bei Tante Lina gäbe es, sagte er zu Toni und den anderen, einen Wasserrohrbruch, sie sollten schnell kommen. Dann nahm er eine Brunnenzange aus dem Regal und trat, ohne sich noch einmal umzusehen, auf die Wienerstraße. Sein Sohn folgte ihm. In einer Hinterhofgarage am Stadtrand trafen sie auf Anna und Gerhard, die mit dem Leiterwagen gekommen waren. Neben den Beuteln hatten sie noch Schachteln, in denen teurer Stoff war, und zwei Säcke mit Kartoffeln, weil sie ahnten, daß in Wien Hunger herrschen würde. Knapp nach ihnen fanden sich noch einige weitere Menschen, sieben vielleicht, im Schutz der hereingebrochenen Dunkelheit ein. Für Gerhard und Toni war es nicht so sehr Abschied wie Abenteuer. Dem Vater aber, der sein Lebenswerk zerstört sah, kam vor Gram kein Wort über die Lippen.

Sie hatten, verborgen hinter den Planen, eng gedrängt auf der Ladefläche des Lasters zu sitzen, der immer wieder an Fahrt verlor, weil das Holz im Vergaser verbrannt war. Josef fragte sich, wenn die Geräusche des Motors etwas Hallendes bekamen, welche Ortschaft sie nun erreicht hätten, und schien sich fast sicher, es könnte nicht mehr lange dauern, und eine Militärpatrouille würde sie stoppen. Nach nicht einmal einer Stunde ging ihnen mitten in einer Stadt, es muß Turnau gewesen sein, das Holz aus. Keiner gab einen Mucks von sich, Anna betete hastend den Rosenkranz. Die weitere Nacht quer durch Böhmen, vorbei an Kolín und Iglau, verlief ohne Zwischenfälle. Mit jeder Stunde nahm die Kälte zu.

Nach Znaim kamen sie an einen Schlagbaum. Die tschechischen Beamten wiesen die schweigende Gruppe an, die Kisten und Koffer in das Grenzerhaus zu tragen, wo sie auf wertvolle Waren hin durchsucht werden sollten. Toni schickte Gerhard mit einer unbedenklichen Schachtel vor, dann nahm er die mit dem Stoff und der geliebten „Afrika-Jacke", blieb aber im Vorhaus stehen, schnitt, als niemand ihn sah, die Schnüre auf und kehrte, an den Zöllnern vorbei, zum Wagen zurück. Den Kartoffelsäcken, in denen der Schmuck versteckt war, schenkte niemand Beachtung.

Wenige hundert Meter später, noch auf tschechischem Boden, tauchte rechter Hand aus dem Nichts eine Fahrzeugkolonne der Roten Armee auf, in deren Mitte sich der Laster einreihte. Geschützt vom Besatzer passierten sie die österreichische Grenze. Auf der Ladefläche brach leises Gelächter aus. Josef drückte Anna an sich, und Toni konnte sich nicht sattreden über den genialen Schachzug. Gegen sieben Uhr am Morgen fuhren sie in Wien ein. In der Gußhausstraße endete die Fahrt. Das erste, was sie sahen, waren die Türme der Karlskirche.

Der Vater, der in Reichenberg zu seiner Verwunderung

noch Schecks hatte einlösen können, bezahlte die beiden anständigen Männer. Über Schlepper sollte die Familie in der Zukunft nie mehr etwas kommen lassen.

LXXII

Martha, die Schwester von Anna, und Manfred, ihr Mann, wußten, daß die Reichenberger, die nirgendwo sonst Verwandte hatten, einmal auftauchen würden. Das Arbeitszimmer war bereits hergerichtet, am Boden lagen Matratzen und Bettzeug. Im Kabinett neben der Küche lebte die Großmutter, der es von Woche zu Woche schlechter ging. Es gab fast nichts zu essen, und in der Wohnung fror man den ganzen Tag.

Gerhard, der den Unterricht fortsetzen wollte, meldete sich gleich nach Mariä Empfängnis beim Direktor des humanistischen Gymnasiums in der Klostergasse, das in der Nähe von Tante Martis Wohnung lag. Da er jedoch keine Zeugnisse vorweisen konnte, wurde ihm der Besuch nicht gleich gestattet, und so frug er, um die Zeit zu überbrücken, im amerikanischen Militärkommando, das in einer anderen Schule des Bezirks untergebracht war, an, ob es Arbeit für ihn gäbe. Er hatte Glück. Noch am gleichen Abend begann er in einem Tanzlokal für US-Soldaten, das in der Martinstraße lag, Gläser zu waschen und Aschenbecher auszuleeren. Der Dienst begann um sechs Uhr abends und endete um Mitternacht mit dem Absingen, eher Abgrölen der amerikanischen Hymne. Die Soldaten, selbst die stockbesoffenen, mußten dabei strammstehen, dann wurden alle, auch Gerhard, auf Lastwägen verfrachtet und in die Quartiere gebracht.

Ihm ging es geradezu prächtig. Zu Mittag gab es für die österreichischen Angestellten in der Schule eine warme Mahlzeit, am Abend erhielten sie das in der Erinnerung himmlische Menü der amerikanischen Mannschaft. Der Karamelpudding, der hin und wieder gereicht wurde, soll von geradezu unvergleichlichem Geschmack gewesen sein. Wenn die Soldaten mit österreichischen Mädchen in den „Club" kamen, hatte Gerhard, von den Huren, die sich auch einfanden, immer mütterlich behandelt, den eben aufgekehrten Tanzboden mit einem körnigen Pulver zu bestreuen, das in großen Blechdosen vorrätig war. Aus den Aschenbechern klaubte er die Zigaretten, die, weil sie von den Amerikanern schon nach wenigen Zügen abgedämpft wurden, viel Tabak bargen. Aus den Hülsen gelöst, ließ er sich gegen Kohle tauschen, um der Großmutter ein wenig Wärme zu geben. Zudem durfte das Personal jede Nacht die angebrochenen Flaschen und Dosen, Wein und Kondensmilch in der Regel, mit nach Hause nehmen.

Kurz vor Weihnachten erfuhr Gerhard, daß er, obwohl er wie Toni und die Eltern „staatenlos", also eine „displaced person" war, ab 8. Jänner 1946, nach dem Ende der Ferien, probeweise das Gymnasium besuchen dürfe. Da ihm aber das letzte Schuljahr nicht angerechnet werden könne, hätte er noch einmal die fünfte Klasse zu absolvieren.

Am 23. Dezember, seinem letzten Abend im Tanzlokal, bekam Gerhard von einem der Unteroffiziere eine Schachtel trockener Kekse geschenkt, die Martha mit der Kondensmilch und den aus Reichenberg mitgebrachten Fruchtaromen zu einer undefinierbaren, dennoch grandiosen Süßspeise verarbeitete. Manfred betrachtete, nachdem er seine Portion gegessen hatte, den leeren Teller und sagte schließlich, da niemand reagierte: „Na, Martl!" Doch die Schüssel war längst leer. Der vorwurfsvolle Satz am Weihnachtsabend erheiterte derart, daß er unvergessen bleiben sollte.

Nach den Weihnachtsfeiertagen übernahm Toni die lukrative Tätigkeit bei den Amerikanern. Dem Manager war er, weil er auf die Frage, an welcher Front er gewesen sei, wahrheitsgemäß antwortete, auf Anhieb sympathisch. Alle anderen Männer, die er fragte, wollten nur gegen die Russen, nie aber gegen die Amerikaner gekämpft haben, was ihm, so soll er geäußert haben, irgendwann denn doch merkwürdig vorgekommen sei.

Auf einer der großen Blechbüchsen mit den weißen Körnern entdeckte Toni einmal ein Etikett, auf dem „Directions for cooking“ stand. Er ließ eine Dose, weil der Inhalt etwas Eßbares sein mußte, mitgehen und übergab sie der Mutter. Die Körner waren, stellte sich heraus, feinster Kindergries. In der Folge sparte Toni beim täglichen Ausstreuen, um dann den Rest Gerhard, wenn er abends vorbeischaute, in einer Papiertüte mitgeben zu können.

Um den 25. Jänner kam in die Salierigasse ein unbekannter Mann, der Martha einen Brief übergab. Er war von Lothar. „Der Bibi!“, schrie sie auf, „der Bibi lebt!“

LXXIII

Lothar war, weil ihm das Projektil den Rücken und die Nieren durchbohrt hatte, ins Koma gefallen. Als er aufwachte, erblickte er, wie er schrieb, einen Misthaufen, auf dem ein toter Gockel lag. Er hatte entsetzlichen Durst, aber er bekam nichts zu trinken, sein Bauch war mit Mullbinden umwickelt. Bei Bad Marienberg geriet er während des Transports im Krankenwagen noch in einen weiteren Jabo-Angriff. Die Sanitäter flüchteten in den Straßengraben, gelähmt starrte er zur Decke und konnte nichts tun. Derart ausgesetzt hatte er sich noch nie zuvor gefühlt.

In der Schule von St. Kathrin operierte man ihm das Projektil aus dem Rücken. Auf der Tafel stand groß „Der erste Frühlingstag". Es muß, schloß Lothar, der 21. März gewesen sein. Wenig später wurde er von der US Army gefangengenommen und ins Lazarett nach Bad Salzschlirf gebracht. Als er nach Wochen wieder aufstehen konnte, sah er beim Blick aus dem Fenster mehr Panzerfahrzeuge als die letzten drei Jahre bei der Wehrmacht. Da wußte er, welches Schindluder mit ihm und seinen Kameraden getrieben worden war.

Im Sommer wurden die Schwerverwundeten nach Altenburg in Thüringen gebracht und den Russen überlassen. Weil seine Wunde nicht heilen wollte, mußte Lothar ein zweites Mal operiert werden. Er wehrte sich gegen den Eingriff, weil es keinen Anlaß gab, den Ärzten zu vertrauen, doch zu seiner Verwunderung wachte er aus der Narkose wieder auf. Tags darauf hieß es, die Russen würden die Vergangenheit jedes einzelnen genau überprüfen. Lothar befürchtete, daß ihm die Zeit bei der 12. SS-Panzerdivision „Hitlerjugend" zum Verhängnis werden könnte. Zusammen mit einem Wolga-Deutschen, der sich freiwillig zur Waffen-SS gemeldet hatte, floh er des Nachts aus der wenig bewachten Turnhalle, in der sie untergebracht waren. Sein Komplize, der während des Krieges großen seelischen Schaden genommen haben mußte, ließ, obwohl eine seiner Hände zertrümmert war, den Papiersack nicht aus, in den er Tag für Tag die Hälfte des wenigen Brots gegeben hatte. Er dürfte, dachte sich Lothar, der sich, eine Brüstung hinabhangelnd, in Sicherheit bringen konnte, in den sicheren Tod gegangen sein.

Bei Ruth, einer Krankenschwester aus dem Lazarett, fand er für einige erholsame Wochen Unterschlupf. Adolf Olschefski, ein Kamerad, der ihm einen russischen Entlassungsschein besorgte, bot Lothar an, ihn nach Frankfurt am Main zu nehmen.

Dort hätte seine Tante im Westend eine riesige Villa, in der sicherlich auch er wohnen könne. Es war inzwischen Oktober geworden, aus der Tschechei hörte man von den brutalen Vertreibungen, und so kam er, bar jeder Perspektive, mit. Daß die Stadt allerdings derart in Trümmern lag, hatten sich die beiden nicht gedacht. Von der Villa stand nur mehr der Mittelteil. In der Bel Etage wohnte der neue Polizeipräsident, im Juchee lebte Tante Ella. Adolf Olschefski und Lothar quartierten sich im Haus gegenüber in einer Dachmansarde mit Küche ein.

Der Polizeipräsident, ein von den Nationalsozialisten Verfolgter, der das Konzentrationslager überlebt hatte, schickte Lothar, nachdem dieser mit viel Überredungskunst die Zuzugsgenehmigung erhalten hatte, zum Bahnhofsvorsteher namens Salz. Er bekam sogleich eine Stelle als Fahrdienstleiter am Hauptbahnhof. Die Arbeit machte ihm Freude, wohl auch deshalb, weil sein Urgroßvater wie sein Großvater Eisenbahner gewesen waren. Die Vorstellung, Inspektor, später Oberinspektor zu werden, machte ihn trotz der Hungersnot und der tristen Lage zuversichtlich.

Damals gab es in Frankfurt nur zwei weit entfernt voneinander liegende Lokale, in denen man sich abends bei Musik und Tanz unterhalten konnte. Eines der beiden, das von Lothar und Adolf Olschefski bevorzugte, nannte sich „Roter Hamm". Da sie aber gemeinsam nur einen guten Anzug besaßen, besuchten sie das Lokal immer abwechselnd. Margarete, einem Banklehrling, fielen die gleich gekleideten Doppelgänger, die sich, als sei es eine Verwechslungskomödie, nie begegnen sollten, bald auf. Von Lothar zum Tanz aufgefordert, erzählte sie von der Beobachtung, die sie erheitert hatte. Er verliebte sich sogleich in das zierliche Mädchen, das er, weil er Marga, wie sie von allen gerufen wurde, zu hart empfand, Margit nannte; im Dezember, nach einem unvergeßlichen

Kuß, waren sie ein Paar. Der Zufall wollte es, daß auch Adolf Olschefski und Anneliese, die Schwester von Lothars Freundin, zueinanderfanden.

Margit bemerkte, daß sich auf der Rennbahn, neben der sie arbeitete, Soldaten aus Österreich und Ungarn trafen, um in ihre Heimat zurückzukehren. Von ihr ermuntert, schrieb Lothar Briefe an Tante Marti und die Familie, die er den Männern mit der Bitte, sie in Wien abzugeben, mitgab. Und eine der Nachrichten kam tatsächlich an.

LXXIV

Die Großmutter schlief, nachdem sie vernommen hatte, daß der Bibi lebe, beruhigt im Kreis der Familie ein. Sie bei ihrem Mann, dem Lokomotivführer, am Zentralfriedhof zu begraben, war, weil es keine Särge oder Leichenwägen gegeben haben soll, unmöglich. Zudem wollte Martha ihre Mutter in der Nähe wissen, um sie auf den Spaziergängen besuchen zu können. Am 30. Jänner wurde Marie daher in Gersthof beerdigt, was wohl ganz in ihrem Sinn war: Weit getrennt von dem mürrischen, bissigen Wachhund.

LXXV

Anna putzte bei der „Caritas socialis“ und half in der Portiersloge aus, Josef sortierte, wenn es seine Gesundheit erlaubte, gebrauchte Kleider. Toni wurde im „Club“ bald der Stellvertreter des Managers, stand hinter der Theke und verteilte, wenn zum Zapfenstreich geblasen worden war, an die Soldaten Präservative.

An einem Abend Anfang März stand ein brünettes Mädchen in Marthas Tür, das mit nichts als einem Koffer aus Reichenberg geflohen war. Sie wäre, sagte Marianne Roth, hier in Wien zu ihrem Onkel gegangen, doch der hätte sie, weil er selber nichts zu essen hatte, nicht aufgenommen, und da habe sie nicht weitergewußt, von Toni aber eben die Adresse in der Salierigasse gehabt, und nun sei sie da. Martha ließ sie eintreten, die Familie überließ ihr das Kabinett.

Wenn Toni nun gegen ein Uhr in der Nacht von der Arbeit nach Hause kam, sah er immer beim Blick in die Küche unter der Tür zu Mariannes Zimmer einen verführerischen Lichtstreifen. Nur zu gerne hätte er angeklopft, doch er wagte es nicht.

LXXVI

Toni erhielt, weil sich Österreich in der Frage der Sudetendeutschen für nicht zuständig erklärt hatte, keine Aufenthaltsgenehmigung oder Arbeitserlaubnis. Er mußte nach Deutschland. Am 5. April 1946 beendete er die Arbeit im Tanzlokal, die daraufhin von Onkel Manfred übernommen wurde, um die Familie weiter mit Lebensmitteln zu versorgen. Sein Vater erstellte ihm eine Liste der ehemaligen Geschäftspartner wie etwa der Firma Engelhard, bei denen er vielleicht eine Stelle finden könnte. Wenige Tage später bestieg Toni am Westbahnhof einen Repatriierungszug in den Odenwald.

LXXVII

Lothar mußte Gerhard gebeten haben, das Schicksal seiner Marianne, der großen Liebe aus Reichenberg, in Erfahrung zu bringen. Am 5. April schrieb der kleine Bruder nach Frankfurt:

Lieber Lothar! Gestern erhielten wir Deinen Brief vom 20. März 1946, und ich setze mich gleich her, um Dir zu antworten. Die ganze Familie wartet [die nächsten 5,5 Zentimeter des Briefes, es müssen zwei oder drei Worte gewesen sein, wurden von der Österreichischen Zensurstelle 215 herausgeschnitten] *jeden Tag auf einen Brief aus der Fremde, sei es aus der ČSR oder von Dir oder dem Toni. Jeden Vormittag gegen zehn Uhr spannt schon immer jeder auf das Klingelzeichen des Postmannes, und es ist immer große Betrübnis im Hause Baumgarth, wenn nichts kommt: Also schreibe recht viel und bitte auch an mich! Von Toni haben wir noch keine Nachricht, hoffen aber, diese Woche eine zu bekommen.*

Zugleich mit Deinem Brief kam auch Post aus der ČSR, und zwar von Herrn Roth, dem Vater der Marianne, die bei uns ist. Wie ich Dir im vorigen Brief geschrieben habe, habe ich durch unsere Marianne an ihren Vater schreiben lassen, um nach der Marianne Schubert forschen zu lassen. [...] *Er hat das Haus, in dem sie wohnte, gefunden (da ich die Straße nicht wußte, mußte ich einen Plan in den Brief zeichnen), konnte aber nichts weiter erfahren, als daß sie im Herbst vorigen Jahres fort ist. Wohin? Wahrscheinlich nach Deutschland.* [...] *Vielleicht kannst Du durch eine Suchaktion von Frankfurt aus etwas machen. Wenn nicht, so schicke mir Daten und Adresse, ich werde mein Möglichstes versuchen; natürlich ist die Aussicht auf Gelingen ziemlich gering. Auf alle Fälle schreibe mir Deine Direktiven, aber bitte an mich, denn ich möchte nicht, daß wieder Staub aufgewirbelt wird.*

Daß wir von hier [= Österreich] *hinausgeschmissen werden, ist bis jetzt noch nicht heraus; der Vati muß sich aber nächsten Donnerstag am Rathaus melden. Was da los ist, wissen wir noch nicht, wahrscheinlich aber wegen der Arbeit oder so etwas. In den großen Ferien werde ich vielleicht von den Amis in die Schweiz geschickt.* [...] *Es grüßt Dich und den Toni (falls er schon bei Dir ist) in der Hoffnung auf baldiges Wiedersehen Dein Bruder Gerti.*

LXXVIII

Toni hatte in der Zwischenzeit Lothar besuchen können. Am 17. April schrieb er aus Adelsheim nach Wien:

Liebe Eltern, liebe Tante Marti, lieber Onkel Manfred, reizende Marianne, hoher Gertaricus! An einem vorläufigen Haltepunkt angekommen, will ich Euch nun den bisherigen Verlauf meiner Unternehmung berichten. Die, wie Ihr dann lesen werdet, eine kleine Veränderung erfahren hat. In Wien fuhren wir ungefähr um zwölf Uhr mittags ab und wurden gleich beim nächsten Halt von den Amis, von denen ein Detachment im letzten Waggon war, mit einer Fischkonserve und Keksen versorgt. Vor der Demarkationslinie hatten wir dann 18einhalb Stunden Aufenthalt. An der deutschen Grenze wurden wir in einem Auffanglager wieder versorgt, untersucht und entlaust. Dann ging die Fahrt weiter über Passau, München, Ulm, Stuttgart, Darmstadt nach Seckach in ein Auffanglager. Während der gesamten Fahrt – sie dauerte ungefähr vier Tage – lebten wir im Waggon. In größeren Stationen wurden wir immer versorgt. In der Nacht schlief ich auf meinen zwei Koffern und dem Rucksack. In dem Waggon, in dem ich war, war eine ganz annehmbare Gesellschaft, und da ging es schon. Also im Auffanglager Seckach angekommen, während der Fahrt durfte niemand den Zug verlassen, wollte ich natürlich sofort nach Frankfurt fahren und sprach darüber mit dem Flüchtlingsreferenten. Und er sagte mir, daß er mich ohne weiteres fahren läßt, riet mir aber an, mich vorher hier von irgendwem einweisen zu lassen, um erst einmal zu Lebensmittelkarten und zu einem Registrierschein zu kommen. Ich fuhr aber trotzdem erst zu Lothar, um mich mit ihm zu besprechen. Nach zwei Tagen mußte ich wieder ins Lager fahren, da ich in Frankfurt nicht so schnell die Zuzugsgenehmigung bekomme, und ohne die ich wieder keine Lebensmittelkarten bekomme. Wohnung und so weiter hätte Lothar für mich gehabt.

Also jetzt erst einmal zu Lothari. Ich kam um halb zwei Uhr in Frankfurt, unter der Last meiner Koffer ächzend, gut an. Der Lothar wohnt nur eine Straßenbahnhaltestelle vom Hauptbahnhof im vornehmsten Viertel von Frankfurt. Leider steht nur ungefähr jedes vierte Haus. Ich suchte die Westendstraße 77, dort schläft aber nur der Lothar mit seinem Freund in einer sehr schön eingerichteten Dachkammer. Sogar einen Tauchsieder und einen Plattenspieler haben sie. Dort war natürlich am Nachmittag niemand zu Hause, und ich wurde zu Frau Olschefski gewiesen im Haus gegenüber, wo auch der Lothar über Tag ist. Also ich ging dort hinüber. Die Frau Olschefski ist eine sehr liebe Frau. Nachdem ich mich vorgestellt hatte, empfing sie mich herzlich und sagte mir, der Lothar komme gleich. Dann kam er endlich, und wir begrüßten uns. Als ich dann seine Sachen auspackte und er gar die Afrika-Jacke sah, rief er: „Toni, Du bringst mir ja gar ein Stück Heimat mit!“ Abends saßen wir dann auf seiner Bude, rauchten, aßen Kekse und erzählten uns alles.

Lothars Verwundung besteht in einem Rückendurchschuß, und er darf nicht schwer heben und sich körperlich anstrengen.

Die Wunde ist ziemlich groß, sonst hat er keine Beschwerden damit. Im übrigen sieht er meiner Ansicht nach gut aus. Er ist nur noch ein kleines Stück größer als ich. So viel ich bei meinem kurzen Besuch sehen konnte, ist er gut im Familienkreis untergebracht. Auch arbeitet er schon für Euch und sieht sich um, wenn Ihr einmal heraus müßt, Geld und so weiter da ist. In religiöser Hinsicht möchte ich Dir sagen, liebe Mutti, daß er auch in die Kirche geht und zu Ostern zur Osterkommunion. Sonst hat er sich gar nicht verändert. Näheres über seine ganzen Erlebnisse wird er Euch ja selbst berichten.

Da ich also in Frankfurt wegen der Zuzugsgenehmigung vorderhand nicht weiter kann, mußte ich zurück ins Lager. Ich nahm mir nur den Rucksack und die benötigten Sachen mit. Alles andere ließ ich beim Lothar, um mich hier einweisen zu lassen. Ich kam gerade noch zurecht. Die Verteilung hatte bereits begonnen. Ich schloß mich einer Familie an, und wir sind gestern hierher nach Adelsheim mit LKWs gebracht worden. Wir wohnen bei einem Fleischer. Bis hierher gehen meine Erlebnisse.

Nun zum Geschäftlichen: Da ich in die russische Zone nicht fahren kann, habe ich an Engelhard geschrieben und warte auf Antwort. Zu den Frankfurter Firmen konnte ich, wegen des kurzen Aufenthaltes, noch nicht gehen. Nun ein neues Projekt: der Mann der Familie, mit der ich da bin, ist Auto- und Fahrradmechaniker. Er will versuchen, hier oder woanders eine Werkstätte aufzumachen, und vielleicht läßt sich in Verbindung mit dem ein Geschäft für landwirtschaftliche Geräte, Werkzeuge und so weiter aufmachen, wenn wir die geeigneten Räumlichkeiten dazu finden. Ich habe schon einmal mit ihm, allerdings nicht bindend oder endgültig, darüber gesprochen. Ich werde heute noch einmal mit ihm darüber sprechen. In den nächsten Tagen fahre ich nach Remscheid, vielleicht schon zur Vorbereitung für das neue Geschäft. Lieber Vati, diese Sache ist noch etwas ganz in der Luft

Hängendes, deshalb, bitte, noch keine falschen Hoffnungen. Und wenn daraus nichts wird, der liebe Gott läßt einen guten Deutschen nie im Stich, und so wird es vielleicht an einer anderen Stelle klappen. Auf alle Fälle fahre ich spätestens nach Ostern nach Remscheid.

Vorläufig geht es mir persönlich ganz gut. Allen wünsche ich verspätet gesegnete und frohe Ostern. Ich schreibe Euch bald wieder. Euer Toni.

Wie geht es denn dem Onkel im Club? Vom Obersten Herrscher eine besondere Grußbotschaft an Gertaricus.

LXXIX

Engelhard hatte, wie alle anderen Geschäftspartner des Vaters, die Toni kontaktierte, keine freien Arbeitsplätze, weil die Produktion zum Großteil noch gar nicht wieder angelaufen war. Die Firma „Sternbohrer" hatte wenigstens eine Überraschung bereit. Sie fragte, ob die vor dem Zusammenbruch bestellten und bereits bezahlten Waren irgendwohin geliefert werden sollten. Toni ließ sich die Werkzeuge, die man am Schwarzmarkt hervorragend gegen Lebensmittel eintauschen konnte, zuschicken. Die Suche nach einer Beschäftigung aber verlief ergebnislos.

Auch in Frankfurt hatte Toni, der zwischendurch für ein paar Wochen bei einem Landmaschinenhändler aushelfen konnte, wenig Glück. Einen Monat lang, den Juli 1946, arbeitete er, von Lothar vermittelt, am Güterbahnhof und entlud mit dem Sackkarren die Waggons. Einmal, vielleicht nicht ganz ohne äußere Einwirkung, platzte ein Karton mit Milchpulver, den Toni nach Feierabend zu Margit mitnahm. Zusammen mit deren Mutter, Schwester Anneliese und Lothar saßen sie dann rund um den Tisch und löffelten das mit Sodawasser aufgespritzte Pulver, als sei es einer der köstlichen amerikanischen Milkshakes.

Die Hoffnung, wieder ein Geschäft eröffnen zu können, zerschlug sich bald. Am 20. August trat Toni bei der Autoschlosserei Michael Merkel in Frankfurt als Hilfsarbeiter ein, nebenbei affichierte er Plakate.

LXXX

Für Marianne Roth konnte Martha eine Stelle als Haushälterin finden, in die Salierigasse zogen daraufhin Roman, ihr Bruder, der, weil er ein Nationalsozialist gewesen war, seine Wohnung in Leopoldsdorf verloren hatte, mit seiner Familie ein. Im übrigen war die Lage alles andere denn rosig: Manfred konnte nicht mehr bei den Amerikanern im Tanzlokal arbeiten, Josef ging es miserabel.

Einmal, aus heiterem Himmel, bekam Gerhard ein „Care"-Paket mit Schokolade, Milchpulver, Peanut Butter, Corned Beef und anderen hochwertigen Lebensmitteln zugeschickt, das eine ihm unbekannte amerikanische Krankenschwester gespendet hatte. Kein Weihnachtsgeschenk hätte ihm mehr Freude bereiten können. Aus dem Aufenthalt in der Schweiz, von dem er in seinem Brief an Lothar geschrieben hatte, wurde allerdings nichts.

Im darauffolgenden Schuljahr begann Gerhard, mittlerweile der Beste der Klasse, Nachhilfestunden zu geben. Er unterrichtete den Sohn des Schmoll-Schuhpasta-Erzeugers, einem anderen diktierte er die Aufsätze.

LXXXI

Am 22. Jänner 1947 beendete Toni seine Tätigkeit bei der Firma Merkel, am 1. Februar begann er bei der „Deutschen Städte-Reklame“ – offiziell als Buchhalter, de facto jedoch als „der junge Mann“ für alles Mögliche.

Exakt drei Monate später, am 1. Mai, entdeckte er im „Roten Hamm“, in dem sein Bruder Margit kennengelernt hatte, ein quirliges Mädchen, das ihm gefiel. Er setzte sich an den Nebentisch und bekam aufgrund des Dialektes mit, daß es eine Sudetendeutsche sein mußte. Als sie wieder einmal zum Tanz aufgefordert wurde, steckte er sich eine Zigarette an und bat die Frau, die scheinbar die Mutter des Mädchens war, um Feuer. Sie kamen ins Plaudern und begannen, sich die Geschichten ihrer Vertreibung zu erzählen, da kam, was er erhofft hatte, Christl zurück. „Guck, ein Reichenberger!“, stellte ihn die Mutter vor. Die Laubes stammten aus Tetschen-Bodenbach und lebten nun in einer Dachmansarde von Zickzackhausen im Stadtteil Niederrad, wo auch Margits Familie wohnte. Wenn die Eigentümer nicht zuhause waren, mußte Christl die Toiletten am Bahnhof aufsuchen, doch ihrer Lebensfreude taten diese widrigen Verhältnisse keinen Abbruch. Toni verliebte sich Hals über Kopf in das Mädchen, und sie in ihn. Ein Dreiviertel Jahr später schrieb Toni in einem Brief, auf den noch zurückzukommen sein wird, an seine Eltern in Wien:

Daneben, daß sie mir sehr gut gefiel, herrlich tanzte und so schön sprach, führte uns eben das zusammen, daß wir beide aus dem Sudetenland waren und so gemeinsame Interessen, Wünsche und Hoffnungen hatten. Der Sommer 1947 war für mich eine sehr glückliche Zeit. Schon bald nachdem wir einige Male zu-

sammen aus gewesen waren, verkehrte ich in ihrem Hause. Jeden Tag freute ich mich im Geschäft den ganzen Tag auf sie. Wir tanzten zusammen die verrücktesten Schlager, gingen zusammen ins Theater, spielten Karten, gingen baden, kurz, wir verstanden uns ausgezeichnet.

LXXXII

Eines Nachmittags stand Lothar, wie so oft, vor einem Fenster der Bank, weil er seine Freundin sprechen wollte, doch die reagierte nicht gleich auf seine gellenden Pfiffe. Ein Herr Lehmann, der in einigen von der Niederräder Volksbank angemieteten Räumen die „Wertpapier-Mitteilungen" herausgab, fragte Margit, wer der impertinente Mensch sei, der da so laut pfeife. Sie beugte sich hinaus, bat Lothar ins Gebäude und stellte ihn dem Mann vor.

Die Bekanntschaft mit dem äußerst geschäftstüchtigen Lehmann, der ihm immer wieder Karten für die Pferderennbahn schenkte, sollte für Lothar von nachhaltiger Bedeutung sein. Denn als er am Bahnhof ein Paket aufspürte, das der Verleger schon verzweifelt gesucht hatte, bot ihm Lehmann an, für die „Wertpapier-Mitteilungen" zu arbeiten. Während des Gespräches tranken sie achtelliterweise ein Gemisch aus Cinzano, Whiskey und Angostura, das ihm der trinkfeste, mindestens 1 Meter 90 große Mann kredenzte. Lothar, der mit dem Fahrrad unterwegs war, krachte danach, obwohl er bereits nach dem zweiten Glas abgewunken hatte, in die Auslage von „Karstadt".

Das finanziell verlockende Angebot nahm er an, denn eine weitere Karriere als Fahrdienstleiter war, weil die ehemaligen, nun entnazifizierten Angestellten wieder ihre alten Posten übernahmen, in weite Ferne gerückt: Lothar arbeitete zuerst in der Buchhaltung, später im Umbruch und als Korrektor der unendlichen Zahlenkolonnen, die, um die Fehlerquote gering zu halten, einem Partner laut vorzulesen waren.

LXXXIII

Im Sommer 1947 fuhr Gerhard mit der Jugend der Schottenpfarre, die er über einen Schulkollegen, den Sohn eines Fleischhauers in Pötzleinsdorf, kennengelernt hatte, für zwei Wochen auf ein Lager an den Erlaufsee. Im vervielfältigten Abschlußbericht heißt es: „Am 2. August trafen wir uns um 4 Uhr 45 am Westbahnhof und fuhren mit dem Zug bis nach St. Pölten. Von dort aus ging es mit der Mariazeller-Bahn weiter. Während der Fahrt konnten wir die herrlichen Berge und die Landschaft bewundern. Eine Station vor Mariazell mußte Gerhard aussteigen und zu Fuß gehen, weil seine Identitätskarte nicht in Ordnung war, und er deshalb die Russenkontrolle umgehen mußte."

Als Staatenloser besaß Gerhard gar keinen Identitätsausweis, mit dem er die Zonengrenze zwischen den Westmächten und den Sowjets, die Österreich gemeinsam besetzt hielten, hätte passieren können. In Mitterbach, unmittelbar vor der Demarkationslinie, war er ausgestiegen und hatte sich, hinter jedem Baum einen Soldaten vermutend, pochenden Herzens durch den Wald geschlagen. Als er aus dem Unterholz auf eine Straße stieß, sah er hinter einer Biegung, nur zwanzig Schritte von ihm entfernt, einen gelangweilten russischen Posten. Aber er war bereits in Sicherheit.

Da die Zimmer im Herrenhof, in denen eine Mädchengruppe logiert hatte, noch nicht in Ordnung gebracht worden waren, wurden die Jugendlichen in Mariazell untergebracht. Ingrid, eines der Mädchen, hätte, hieß es, Halsschmerzen, weshalb sie mit zwei anderen, den Schwestern Angela und Martha, noch bliebe. Niemand dachte sich etwas dabei. Die Jugendlichen fuhren mit dem Sessellift auf die Bürgeralpe oder organisierten Verpflegung, gingen in den Erlaufsee baden, und am Abend ruderten sie hinaus. Dabei sangen sie Lieder, daß „sogar die Russen und die Fische uns gerührt umschwärmten. Bei der Rückfahrt verlor Gerhard das Ruder, das der kleine Wolferl aber bravourös wieder einholte mit einem Köpfler."

Am 6. August durften sie in den Herrenhof am Erlaufsee übersiedeln und spielten mit Ingrid, die wieder genesen schien, auf der „Märchenwiese" Völkerball. Doch tags drauf konnte sich das Mädchen nicht mehr bewegen, trotz hohen Fiebers waren seine Knie ganz kalt. Zusammen mit Angela und Martha wurde Ingrid, weil Verdacht auf Kinderlähmung bestand, ins Spital nach Bruck an der Mur gebracht. Den anderen Jugendlichen verbot der Arzt für zehn Tage jede Anstrengung. Die „Gefangenschaft", wie sie es nannten, begann. Sie pflückten Zyklamen in „Rußland", erstellten Listen für eine Pfitschigogerlmeisterschaft, spielten Karl-May-Quartett, gingen fischen und fingen Krebse, aus denen sie Fleischfasern herauszulösen versuchten. Sie schlichen auf Waldwegen umher, schossen mit Steinschleudern Zapfen von den Tannen und sangen, wenn die Stimmung danach war, „wüste Wildwest- und Negerlieder".

Daß sich, was Ingrid anbelangte, die schlimmsten Vermutungen bewahrheitet hätten, berichtete Martha in einem mit 8. August datierten Brief. Das Krankenhaus sei überfüllt mit Kinderlähmungsfällen. Von den anderen Jugendlichen hatte sich niemand angesteckt, nach zehntägiger „Kontumaz" durften sie nun auch wieder erlaubterweise baden. Aus dem See bargen sie unzählige Patronen, die mit Bajonetten geöffnet wurden, um an das Pulver zu gelangen. Die Raketen und Böller entzündeten sich in der Unterkunft aber selbst, ein undurchsichtiger, Schleimhäute und Augen reizender Dampf erfüllte die Räume. Der Sprengstoff hatte daraufhin im See versenkt zu werden.

LXXXIV

Am 23. August reiste die Gruppe wieder ab. Gerhard hingegen schlug sich nach Bruck durch, um Ingrid, die nie mehr gehen können sollte, in der Quarantäne, was strengstens untersagt war, zu besuchen. Dann fuhr er, ohne eine bewachte Zonengrenze überqueren zu müssen, per Zug und Bus weiter nach Innsbruck.

Wie sie es brieflich vereinbart hatten, passierte Gerhard am 26. August am frühen Nachmittag bei Scharnitz die österreichische Grenze zu Deutschland und setzte sich, weil er keinen Paß hatte, knapp nach dem Zollhaus auf die Straße. Keine Stunde später kam ein junger Mann, staatenlos wie er, auf ihn zu. Gerhard stand auf, ging ihm, der von einem zweiten gefolgt wurde, die hundert Meter entgegen. Es war wirklich, begleitet von einem Schulfreund aus Reichenberg, der nun in München lebte, Toni. Im Niemandsland fielen sich die Brüder in die Arme.

Sie schrieben, nachdem sie sich alles Mögliche über Christl und Lothar und Wien berichtet hatten, an die Familie in Wien eine Postkarte, bedruckt mit einer Zeichnung des Frankfurter Doms und frankiert in Österreich mit zwölf Groschen: „Scharnitz Mittenwald. Die historische Zusammenkunft derer von Trenkler im Jahre des Heils 1947 halten hiermit dokumentarisch fest Antonio, Großhessen, Gerhardino, Hochkommissar in Wien, Schlamborius Bavaria." Gegen Abend ging jeder wieder in das Land zurück, das einmal das seine werden würde.

LXXXV

Auch wenn er sich mitunter einbildete, zuckerkrank sein zu müssen, da ihn oft eine unerklärliche Müdigkeit befiel, über die er mit niemanden zu sprechen wagte, begann für Gerhard, nun zum Klassensprecher gewählt, eine unbeschwerte Zeit. Mit Cornelius Albrecht, der wie er aus Reichenberg geflohen war, spielte er unzählige Schachpartien, mit Freunden aus der Klasse begeistert Tarock.

Von den Schotten vermittelt, gab er Fesi Hurdes, dem Sohn des damaligen Unterrichtsministers, Nachhilfe in Latein und Mathematik. Für jede Stunde soll er den fürstlichen Betrag von acht Schilling erhalten haben, mit dem sich schon ein Buch kaufen ließ. Monat für Monat erwarb er einen weiteren Band der Reihe „Ewiges Wort. Meisterwerke der Weltliteratur" des Ullstein Verlages. Zudem bekam er vom Herrn Minister alle paar Wochen zwei Karten für die Volksoper oder das Burgtheater geschenkt, deren Vorstellungen, weil das Haus am Ring zerstört war, im Etablissement Ronacher stattfinden mußten. Zusammen mit dem Deutschprofessor und einigen Mitschülern las er am Nachmittag Dramen, häufig besuchte er das Theater der Jugend, und nebenbei ging er, um seine Englischkenntnisse zu verbessern, in die Sprachschule von Charles Lebloch.

LXXXVI

Anfang November stand fest, daß Christl schwanger war. Toni hatte schlaflose Nächte, weil er nicht wußte, wie er die Nachricht, daß er Vater wurde, ohne verheiratet zu sein, den Eltern beibringen sollte, die, das war vorherzusehen, von ihrem Sohn, der das sechste Gebot gebrochen hatte, schwer enttäuscht sein würden. Josef hatte zwar damals, 1939, nichts dabei gefunden, daß seine Nichte Christa, die jüngere Tochter von Bruder Ferdinand, bereits fünf Monate nach der Hochzeit eine Tochter gebar, aber seine Entrüstung über Lothars Reise nach Wien mit Marianne war noch nicht vergessen, das Zerwürfnis zwischen Vater und Sohn bestand, weil es noch zu keiner Versöhnung gekommen war, weiter.

Den Vorsatz, einen Brief zu schreiben, schob Toni, den das schlechte Gewissen plagte, immer weiter hinaus. Lothar riet ihm zwar, nicht länger zu warten, denn die Eltern könnten sich andernfalls noch stärker verletzt, weil übergangen fühlen, aber Toni war überzeugt, eine Katastrophe könne gar nicht ausbleiben, und da sei es doch vernünftiger, den Eltern nicht das Weihnachtsfest zu verderben, sondern mit der Beichte über das Neue Jahr hinaus zu warten.

Lothar hatte trotzdem ein ungutes Gefühl. Denn bereits am 28. Jänner 1948 sollte die Hochzeit stattfinden, und zumindest über dieses Ereignis waren die Eltern, hinter deren Rücken das Aufgebot ganz einfach nicht bestellt werden durfte, zu unterrichten. Er schrieb, ohne Toni etwas davon zu sagen, einen Brief, der zunächst höchste Verwunderung auslöste, schließlich aber das Schlimmste befürchten ließ. Unter Zugzwang erklärte nun auch Toni den Eltern in knappen, schicksalsschweren Worten, was passiert war. Dem Vater fehlte anfangs jegliches Verständnis, die Mutter weinte tagelang, das

Weihnachtsfest war verdorben. Toni sollte, kamen die Eltern überein, von der Hochzeit zurücktreten und dieses Mädchen, das ihn verführt hatte, abfertigen. Doch sie besannen sich und sagten lieber nichts. Wie sie auch nie mehr Lothar gegenüber ein Wort über Marianne verloren haben.

Ein paar Jahre später würde dann auch noch der dritte Sohn die Mutter enttäuschen.

LXXXVII

Am 29. Dezember 1947 schrieb Lothar nach Wien:

Das Weihnachtsfest ist nun leider wieder vorbei. Ihr werdet vielleicht nicht viel Interesse dafür haben, aber ich will es Euch trotzdem berichten. [...] *Die wenigen Tage* [vom vierten Adventsonntag] *bis zum Heiligen Abend verliefen sehr schnell. Mein Chef fuhr schon am Sonntag zu seiner Familie und hinterließ mir einen großen Berg Arbeit. So hatte ich nicht viel Zeit, Weihnachtsgeschenke zu kaufen. Am letzten Tag machte ich noch einen Sprung in die Stadt und kaufte für Margit ein Fläschchen Parfüm. Am Nachmittag packte jeder in einer Ecke seine Geschenke ein, und die Zeit verlief sehr schnell.*

Ich machte wie vergangenes Jahr das Christkindchen, baute alles auf einem Leintuch auf, steckte den Christbaum an und läutete mit einem Weinglas. Margit hat mit ihren Geschenken den Vogel abgeschossen. Von Euch das Kostüm, dann Stoff für das Brautkleid, ein Buch, von Toni zwei silberne Fünf-Mark-Stücke, von der amerikanischen Tante ein Paar Schuhe mit ganz hohen Absätzen und noch viele andere Kleinigkeiten. [...] *Nach einem sehr guten Festessen ging es unter Erzählen und Bäckereien-Essen schnell der Mitternacht zu.*

Um elf Uhr gingen Margit und ich rüber zu Laubes und holten Christl und Toni zur Christmette ab. Scheinbar ging unsere Uhr nach, jedenfalls waren wir, als die Orgel zu spielen begann, noch am anderen Ende der Kirche, im Laufschritt rasten wir dem Eingang zu. Die Kirche war sehr schön geschmückt und beleuchtet und so dicht besetzt, daß kein Apfel zu Boden fallen konnte. Das Hochamt war sehr schön, aber es dauerte über eineinhalb Stunden. Toni hatte wahrscheinlich zu viel gegessen und wurde blaß und grün.

Doch am nächsten Tag konnten wir uns ausschlafen. Wieder gab es fast friedensmäßig zu essen. Ich las in den mir selbst zum Fest gekauften Büchern, und Margit hatte nichts Eiligeres zu tun, als das Kostüm abzuändern, um es bald anziehen zu können. Wir hatten auf einen schönen Winterspaziergang gehofft, aber es regnete bereits zwei Tage, und es sollte bis heute weiterregnen. Unsere Kamera war schon schußbereit, aber der teuer erkaufte Film blieb unbenützt.

Eine andere Feiertagsfreude hatte ich auch noch: Ich habe in diesen Tagen unseren Küchenofen angeschlossen, und er brennt so brav, daß ich ganz begeistert bin. Margit hatte vor Weihnachten auch eine Krippe gekauft, und wir haben sie in der Mansarde unserer zukünftigen Wohnung aufgestellt. Das Wichtigste hätte ich bald vergessen: Im Geschäft gab es einen vollen Monatsgehalt als Gratifikation. […] Wenn wir die Sorge mit Toni nicht hätten, wäre es ein sehr schönes Weihnachtsfest geworden.

Wir haben schon fast zehn Tage keinen Brief mehr von Euch erhalten und auch keinen ausgesprochenen Weihnachtsbrief. Hoffentlich habt Ihr die Schallplatte erhalten, und sie hat Euch Freude bereitet, es ist fast unsere allabendliche Unterhaltung. Für heute will ich schließen, und ich will hoffen, daß Ihr nicht mehr ganz so traurig seid. Euer Lothar.

LXXXVIII

Kann sein, daß es ein Zeichen des Einverständnisses war – vermutlich aber doch eher der Mißbilligung: Knapp vor der Hochzeit schickte Tonis Mutter ohne weiteren Kommentar ein paar Windeln und ein Hemdchen an Margit, die das Geschenk Christl und Toni übergeben sollte. Und wenige Tage nach der Vermählung traf in Frankfurt, wieder bei der künftigen und akzeptierten Schwiegertochter, ein Brief aus Wien ein. Toni faßte sich nun ein Herz und schrieb am 7. Februar in aller Ausführlichkeit:

Liebe Eltern, laßt mich jetzt berichten, wie alles gekommen ist. Vorher möchte ich noch sagen, daß mich eben das Schicksal diesen Weg geführt hat, und ich jetzt entschlossen bin, mich auch durchzubeißen. Meine Christl lernte ich am 1. Mai vorigen Jahres hier in einer Gastwirtschaft kennen, in der auch getanzt wurde. […] *Kurz, wir verstanden uns ausgezeichnet und es war kein Wunder, wenn wir uns eben eines Tages zu lieb hatten und das Schicksal seine Würfel rollen ließ. Mein Geburtstag* [am 25. Oktober] *ging noch gut vorüber, und dann bekamen wir Gewißheit, daß die Christl ein Kind empfangen hatte. Dann kam ein unschöner Monat – und ehe ich es ihren Eltern sagte, mußte mancher Kampf ausgefochten werden. Dann war es aber endlich heraus – ich stand unter der Dusche eines väterlichen Wutausbruchs – und die Maßnahmen, die sich aus der mir einzig möglichen Konsequenz ergaben, mußten ergriffen werden.* […]

In der Zwischenzeit bekamen wir von Hausbewohnern, wo Christl wohnt, neben ihrer alten Mansarde eine weitere. Erstere richteten wir uns als Wohnzimmer und letztere als Schlafraum ein. Ich habe die neue Mansarde selbst ausgemalt, Fenster gestrichen usw. usw., und es ist sehr schön geworden. Dann ließen wir uns beim Standesamt aufbieten, erstens muß das ja sein und zweitens, um mit dem Aufgebotsschein schon eventuell Bezugscheine oder etc. beantragen zu können. Wir konnten aber gar nichts weiter damit anfangen. Nun begann der Kampf um Blumen für den Brautstrauß, um den ich mich ja zu kümmern hatte, um das Auto und all die anderen Sachen, die gebraucht wurden. Die halbe Welt hatte ich um Blumen angegangen und bekam dann auch wirklich sogar von zwei Stellen wunderbaren weißen Flieder.

Als einzigen Gast außer Lothar und Margit hatte die Christl eine sehr gute Bekannte aus Bodenbach, wo die Christl doch her ist, eingeladen, die jetzt hier in Oberhessen wohnt. Die Christl hatte sie nur um etwas Mohn für einen echt sudetendeutschen Hochzeitskuchen ersucht, und dann kam die gute Frau mit einer Ladung Mohn, Quark, Mehl, Fleisch und anderen Lebensmitteln an, die das ganze Hochzeitsessen, den Kuchen, Torte usw. wirklich friedensmäßig gestalten ließen.

Der große Tag kam immer näher – und immer noch kein Zeichen von Euch, nur die Windel war als gutes Omen eingetroffen. Jetzt muß ich erst noch einen kleinen Fehler korrigieren, an dem ich, liebe Eltern, schuld bin: Als ich Euch meinen Brief schrieb, sah ich im Kalender 1947 nach, und da war der Mittwoch, an dem wir heiraten wollten, der 25. Jänner; nun haben wir aber, wie Ihr ja durch die Vermählungskarten erfahren haben werdet, erst am 28. Jänner [1948] *geheiratet. Liebe Mutti, Du schreibst so schön, daß Du am 25. Kuchen gebacken hast und überhaupt diesen Tag so schön auch mitgefeiert hast – ich danke Dir sehr dafür. Und lasse Dich dadurch, daß die Hochzeit erst drei Tage später stattfand, nicht betrüben! Es war für mich wirklich ein unbeschreiblich schönes Gefühl, als ich in dem Brief an die Margit las, daß Ihr in solcher Liebe an uns gedacht habt.*

Daß wir am Mittwoch heirateten, war dadurch begründet, daß ich Auto und Fahrer vom Geschäft gestellt bekam, und weil die

Christl, sie ging ja damals noch ganztägig arbeiten, Samstag immer sehr viel zu tun hat. [...] Also bitte nochmals nicht daran denken, daß Ihr um drei Tage zu früh gefeiert habt! Dein Gebet, liebe Mutti, habe ich auch am 28. gespürt, denn der Tag war so schön und würdig, und ich war so glücklich, wie ich es mir vorher gar nicht vorgestellt hatte (bei den überstürzten Vorbereitungen).

Nach zwei Tagen Aufregung im Hause Laube – der Kuchen wurde gebacken, ich holte meinen Brautstrauß und mein Hochzeitsgeschenk – brach nun der große Tag an. Ich schenkte Christl unter Aufbringung meines letzten Silberschatzes ein wunderschönes Silberarmband zur Hochzeit, das ich ihr, bevor wir in die Kirche fuhren, umlegte.

In der Früh des 28. bekamen wir dann den Segen der Eltern. Herr Laube sprach sehr schön und bezog auch Euren Segen mit ein. Kurz darauf fuhr der Wagen vor und der Fahrer überbrachte mir die Glückwünsche der Firma. Vom Chef bekam ich 100 Reichsmark und von der Gefolgschaft 150 Reichsmark als Hochzeitsgeschenk.

Die Christl jammerte schon wochenlang, daß sie gerne eine Orange essen möchte. Da man doch Frauen in anderen Umständen alles geben soll, was sie wünschen, machte ich nun alle Bekannten mobil, mir eine Orange zu verschaffen. Meine Kollegen hatten mir eine solche besorgt, und der Fahrer brachte sie auch als Geschenk mit. [...]

Vor der Abfahrt zum Standesamt – um 10.15 Uhr war dort die Trauung – kamen schon Geschenke aus dem Haus, unter anderen schönen Sachen wie Nudeln, Mehl, Blumen usw. sind besonders drei geschliffene Glasschüsseln, zwei flache Teller und zwei Abendbrotteller zu erwähnen. Laubes hatten bei der Flucht nur die tiefen Teller mitgenommen, so daß wir bei der Hochzeit nur aus diesen essen konnten. So hatte wenigstens das Brautpaar flache Teller, was mich sehr gefreut hat.

Da sich die Christl als Braut kein weißes Kleid borgen wollte, zog sie einen funkelnagelneuen dunkelblauen Mantel an und trug darüber den Brautschleier ihrer Mutter um den Kopf, was wunderbar ausgesehen hat. Im Haar trug sie auch noch einen Kranz aus Myrten. Sie war an diesem Tage sehr blaß (was ihr bei ihrem Typ aber sehr schön steht) und sah wie eine Madonna aus. Wäre ich nie in sie verliebt gewesen, an diesem Tage hätte ich mich in sie verliebt.

Also dann fuhren wir schön zum Standesamt. Wir mußten zirka 15 Minuten warten. Die Zeugen – mein Schwiegervater und Lothar – hatten schon alles vorbereiten lassen, und so ging alles sehr schnell vor sich. Obwohl alles in zehn Minuten erledigt war, war es ganz schön und feierlich, und der Standesbeamte sprach auch sehr gut. Als wir aus dem Standesamt kamen, wurden wir auch schon mit den Zeugen fotografiert. Wir fuhren dann weiter in die Stadt zum Fotografen, während die Zeugen gleich nach Niederrad in die Kirche gingen. Zwei Aufnahmen ließen wir machen und von jeder sechs Abzüge – na, Ihr werdet ja sehen. Sie kosteten die horrende Summe von 130 Reichsmark. Da könnt Ihr Euch vorstellen, was ich für Geld ausgegeben habe.

Also das hatten wir auch erledigt, und nun fuhren wir in die Kirche, wo der große Akt stattfinden sollte. Zu diesem Zwecke mußten wir über den Main über die einzige intakte Brücke, die Wilhelmsbrücke. Dort wurde noch dazu an einer Seite gearbeitet, und ein Strom von hunderten Autos wartete, um abwechselnd hinüber gelassen zu werden. Wir wurden langsam nervös, daß wir zurecht kommen. Langsam rückte unser Opel Olympia vorwärts. Als wir am Verkehrspolizisten vorbeikamen, machte er den Wagenschlag auf und sagte: „Ich wünsche Ihnen recht viel Glück, und hoffentlich haben Sie in Ihrem späteren Leben nicht so viel Aufenthalt wie jetzt." Gleich darauf kam unsere Seite zum Rüberfahren an die Reihe, und wir hatten immer noch schön Zeit.

An der Kirche angekommen, empfingen uns schon die Zeugen, und wir gingen unter sehr schönem Orgelspiel hinein. Vorher muß ich noch sagen, daß wir im Brautunterricht gewesen waren, den uns der alte Pfarrer erteilte, der uns auch traute. Er sprach sehr schön zu uns, besonders auch zu Christl, da sie nämlich evangelisch ist. Die Kinder werden selbstverständlich katholisch erzogen werden, nur will sie sich jetzt noch nicht umschreiben lassen, erst wenn sie richtig das Verständnis und den Drang danach hat. Ich glaube, das ist doch richtig, liebe Mutti. Wir gehen auch jeden Sonntag zusammen in die Kirche.

Also weiter in der Kirche: In der Sakristei hatte ich vorher die Ringe abgegeben, wir hatten nur silberne, da ich kein Gold hatte, aber das ist ja nicht so ausschlaggebend. Dann nahm die Trauung ihren Verlauf. Der Pfarrer sprach sehr ergreifend, dann mußten wir uns die Hände reichen, und er schlang die Stola darum. Als wir uns dann die Ringe gewechselt hatten, waren wir Mann und Frau. Diesen Augenblick, liebe Eltern, werde ich wohl nie vergessen. Erst hatte ich immer gedacht, wenn es nur schon vorbei wäre, und jetzt weiß ich, daß es nichts Schöneres gibt – gerade weil ich doch die Christl so gern habe. Unter den Klängen „Treulich geführt ziehet dahin" gingen wir dann wieder langsam aus der Kirche in die Sakristei. Es ist hier so Brauch, daß alle Anwesenden dann dort an dem Brautpaar vorbeikommen und gratulieren. […]

Anschließend ging's heim zum großen Essen, das ja, wie ich Euch geschrieben habe, dank der Bekannten von Christl und anderer glücklicher Umstände wunderbar war. […] *Es gab mehrere Gänge, Kalbfleisch, Sauerbraten, echte Knödel, Kompott und die Hochzeitstorte, deren Creme mit dem Kakao, den ich vor nicht langer Zeit von Euch aus Wien bekommen hatte, gemacht war.* […] *Nachmittags ließ uns dann die kleine Gesellschaft mit den einzigen zwei Flaschen Wein, die wir hatten, hochleben. Dann gab's unseren lukullischen Kleckselkuchen* [ein flacher Germteig mit Klecksen aus Mohn, Topfen, Powidl und Nuß], *von dem wir auch vorher im Hause verteilt hatten.*

Wir unterhielten uns die ganze Zeit sehr gut, überhaupt der Lothar erzählte so schön. Um zehn, halb elf Uhr hoben wir die Gesellschaft auf und zogen uns in unsere Gemächer zurück. Zum ersten Male erlebte ich das Geschenk einer Frau mit all meinen Sinnen und danke dem lieben Gott über so viel Glück, wo ich es doch gar nicht verdiene.

So, liebe Eltern, war mein Hochzeitstag – ohne Euch, doch seid bitte jetzt nicht mehr traurig, vielleicht gelingt es der Mutti zur Taufe im Juli hier zu sein. Den Gerti hätte ich gerne als Taufpaten. Wenn es ein Junge wird, soll er Gerhardt heißen, das ist aber noch nicht sicher; wenn ein Mädel, dann soll Ruth der Name sein.

Die Christl bekommt auch eine Zulagekarte, ißt aber, da sie momentan eine leichte Gelbsucht hat, die mit der Schwangerschaft zusammenhängt, so wenig, daß ich immer schimpfen muß. Schreibe ihr nur auch, liebe Mutti, wie Du bei uns das alles so gemacht hast, denn ich weiß ja, daß alles nicht so ist wie daheim. Sie braucht doch jetzt auch besonders viele liebe Worte, und sie wartet doch schon so sehnsüchtig auf einen Brief von Euch an sie selbst. […]

Heute kam ein Paket mit einem grünen Wollkleid für die Margit, einem braunen Mantel, der mir zugesprochen wurde, einem Paar schwarzen Handschuhen und einem Paar Lederhalbschuhen, die sich Lothar genommen hat. [Und für Christl?] *Daneben waren noch Dosen Butter, Fleisch, Zigaretten, zwei Schals und viele weitere schöne Sachen. Meine Schwiegermutter, mit der ich mich auch sehr gut verstehe, hat gesagt: „Ihr wißt ja gar nicht, was Ihr für Eltern habt!" Also, ich danke Euch von ganzem Herzen, Ihr schickt immer so viel, und ich mache Euch so viel Kummer.*

Lieber Vati, kannst Du auch einmal mit einem Paar Lederhandschuhen an mich denken?

Für heute bin ich mit meinem Bericht fertig und warte halt weiter sehnsüchtig auf einen Brief an mich und die Christl. Hoffentlich hat auch der Vati meinem Schwiegervater auf seinen Brief geantwortet. In Liebe, Euer alter Toni.

LXXXIX

Anfang 1948 wurde Gerhard bei einer Reihenuntersuchung des Gewerkschaftsbundes – der Vater war als Arbeiter gemeldet – als stark unterernährt befunden und in der Folge für vier Wochen auf ein Jugendlager nach Wieselburg geschickt. Die anderen Burschen sahen ihn, weil er der einzige war, der sonntags in die Kirche ging und Bücher las, ein wenig scheel an. Aber er verblüffte sie, indem er verkündete, auch nach zehn Uhr abends, wenn das Licht im Schlafsaal gelöscht worden war, die Zeitung studieren zu können. Er gab einfach aus dem Gedächtnis wieder, was er zuvor gelesen hatte.

Am 29. März, schrieb er Lothar unter anderem:

Ich war dort unter lauter Arbeitern, aber trotzdem habe ich mich mit ihnen gut vertragen. Ich konnte sogar in der dort ausgetragenen Schachmeisterschaft den ersten Platz belegen. Zugenommen habe ich leider nur 2,5 Kilo, obwohl das Essen ausgezeichnet war und jeden Tag von ein bis drei Uhr nachmittags geruht werden mußte. Zu Hause angekommen, galt es natürlich, in der Schule alles nachzuholen, und manchen Tag saß ich bis elf Uhr über meinen Heften. Jetzt jedoch bin ich wieder auf gleich in allen Fächern. In den Kartagen gab es natürlich auch wieder viel in der Kirche zu tun, da ich doch in meiner Pfarre aktiv tätig bin. Du wirst Dich ja vielleicht noch an die langen Heiligenlitaneien erinnern können.

Das Osterfest haben wir verhältnismäßig üppig gefeiert. Das Essen zumindest war ausgezeichnet – na, Du kennst ja unsere Mutti. In der letzten Zeit habe ich mir in der Oper den „Fliegenden Holländer" und die „Matthäuspassion" von Bach angehört. Einfach einzigartig! Ich habe mir beide gleich zweimal angehört, da ich so begeistert davon war. [...]

Lieber Lothar! Du schreibst, daß Du mit Büchern sehr gut versorgt bist. Würdest Du da so lieb sein und mir hin und da ein Buch von einem besseren Autor senden? Du weißt ja, daß Bücher gewissermaßen mein Handwerkszeug sind, mit denen ich arbeiten muß. Auch ich habe mir schon eine kleine Bibliothek von etwa 30 Büchern angelegt, leider spielen dabei die Staatsfinanzen immer eine große Rolle. [...]

Gott sei Dank ist jetzt der ohnedies kurze Winter endgültig überwunden, und man braucht nicht mehr frierend in der Stube zu sitzen. Im Sommer werde ich wahrscheinlich einen Teil meiner Ferien in einem Lager meiner Pfarre verbringen, den anderen auf alle Fälle auf einige Tage bei Euch. Da es legal wohl kaum geht, werde ich mich so durchschlagen, wie ich es voriges Jahr gemacht habe. Es wäre doch prima, wenn ich Euch einmal besuchen könnte. Vielleicht käme ich da gerade zur Hochzeit zurecht. [...] *Es grüßt Dich und die Margit recht herzlich Dein Bruder Gertari.*

XC

Am 22. Juni 1948 brachte Christl in der Frankfurter Universitätsklinik Ruth zu Welt, die Toni, weil sie übertragen war, anfangs nicht wirklich gefallen wollte. Keine drei Wochen später, am 11. Juli, wurden Margarete und Lothar getraut – wie schon bei Christl und Toni in der Kirche von Niederrad. Weder zu

Ruths Taufe noch zur Hochzeit konnte ein Mitglied der Familie aus Wien anreisen.

XCI

Im Juli 1948 kam Gerhard über die „Caritas" zu einer Bauernfamilie nach Tschagguns, die sich zwar rührend um ihn gekümmert haben, aber nicht die reinlichste gewesen sein soll. Einmal wurde ihm ein hausgemachter Gupfkas gereicht, der sich, als ihn Gerhard anschneiden wollte, zu bewegen begann. Er war, wie sich herausstellte, von Maden zersetzt. Gerhard grauste derart, daß er seinen Eltern telegraphierte, sie mögen ihm doch ein Telegramm schicken, daß er schnell wieder heim müsse. So geschah es dann auch. Er verabschiedete sich von seinen Gastgebern, fuhr aber nicht nach Wien zurück, sondern von Innsbruck nach Heiterwang, wo einer der Reichenberger Kapuziner-Patres lebte.

Den August 1948 verbrachte Gerhard im Ferienlager der Schotten in Haindorf bei Langenlois. Man trug ein Fußballspiel gegen die im gleichen Gebäude untergebrachten Gärtner-Lehrlinge aus, bei dem Gerhard kurz vor dem Ende das Ehrentor der Schotten gelang. Wenn es das mäßige Wetter zuließ, badeten die Burschen im Kamp, sie spielten Ping-Pong und Schach, unternahmen Wanderungen, sangen Lieder, gingen auf den Jahrmarkt oder sahen sich im Kino den Farbfilm „Cäsar und Kleopatra" an. Im Bericht vom 13. August, einem Freitag, heißt es: „Zu Mittag wartete der dritte Tisch mit einer Überraschung auf: Sie brachten einen Tischspruch vor. Sofort nach dem Tischgebet begann Gerhard ausdrucksvoll: ‚Jeder esse, was er kann!', worauf die anderen im Chor einfielen: ‚Alle Mann ran!' Der Erfolg war einzigartig; der zweite Tisch verblaßte vor Neid."

XCII

Margit war, wie sich bald herausstellte, in der Hochzeitsnacht schwanger geworden. Christl, deren Firma in Konkurs ging, las daheim für die „Wertpapier-Mitteilungen" Korrektur. Die Krankenstände von Josef mehrten sich, das einst angesparte Geld war längst verbraucht. Und Manfred fand bei einem Kreditschutzverband Arbeit.

XCIII

Gerhard, der Klassenprimus, wurde zum Schulsprecher gewählt. „In Anerkennung seiner ausgezeichneten Weihnachtsrede" überreichte Direktor Slanař, der Herausgeber eines Schulatlas, dem „Oktavaner" am 22. Dezember 1948 das „Philosophische Wörterbuch" des Jesuiten Walter Brugger, das sich Gerhard, auch um den sozialistischen Direktor zu ärgern, gewünscht hatte.

Zusammen mit seinem Freund Alfred Tomaschek, der Tommy gerufen wurde, faßte er den Entschluß, nach dem Gymnasium Medizin zu studieren, auch wenn der Berufsberater abriet, da die Situation hoffnungslos sei. In der Karwoche 1949 nahm er im Bildungshaus der Jesuiten in Lainz an geistlichen Übungen teil, die ein alter Pater, der Sprachschwierigkeiten hatte, leitete. Nach drei Tagen des Schweigens, die ein intensives Erlebnis gewesen sein sollen, entschied sich Gerhard, Theologie zu studieren und Priester zu werden.

Anna war glücklich. Denn sie hatte 1929, während der Schwangerschaft, gelobt, ihren Jüngsten Gott zu übergeben, wenn Josel, ihr Mann, dessen Wunde wieder aufgebrochen war, durchkommen sollte.

Am 23. Juni 1949 absolvierte Gerhard die Matura mit Auszeichnung. Bis auf ein „Gut“ in „Kunstpflege“ hatte er in jedem Fach ein „Sehr Gut“. Von seinen Eltern bekam er eine Vulgata, die lateinische Ausgabe der Heiligen Schrift, geschenkt. Im Herbst würde er, wie bereits vereinbart, ins Priesterseminar eintreten und in der Folge die niederen Weihen erhalten.

Zuvor verbrachte er noch einen unbeschwerten, aus der Distanz betrachtet unvergleichlichen Sommer. Mit Tommy und dessen Freundin Hannah unternahm er eine Radtour zum Neusiedlersee, wo sie einige Tage blieben. Am 13. Juli brach Gerhard, dem ein Bekannter den Identitätsausweis lieh, mit einer verschworenen Gruppe der Schottenjugend zu einer „Fahrt“ ins Salzkammergut auf; ein „Lager“ wie in den Jahren zuvor war ihnen vom Abt, aus welchen Gründen auch immer, untersagt worden: Sie reisten einfach Pater Hermann, dem Jugendseelsorger, der am Mondsee weilte, nach.

Selbst 38 Grad Fieber hielten Gerhard nicht ab, mit den anderen von Obertauern aus den Dachstein, an dessen Gipfelkreuz er ein Gebet gesprochen hat, zu bezwingen. Schlecht ausgerüstet und ohne Führer, der ihnen zu teuer gekommen wäre, mußten sie den Gletscher zurück zur Simonyhütte im Regen bewältigen, wo sie, was ihrer Laune keinen Abbruch tat, eingeschneit wurden.

Von Hallstatt aus sollten die jungen Männer die restlichen Rucksäcke, die in Obertraun lagerten, mit zwei Ruderbooten holen. Im Bericht über „Die Fahrt“ heißt es: „Auf der Heimfahrt erhob sich ein gewaltiger Sturm, die Wellen schlugen bis zu einem Meter hoch, und die Boote waren auf hoher See. Gerhards Boot verlor einige Male die Ruder, die man sehr schwer wieder einfangen konnte. Bangenden Herzens standen wir anderen am Ufer und sahen sie mit den Wellen kämpfen, ohne ihnen zu Hilfe kommen zu können.“

Am 21. Juli besuchte die elfköpfige Gruppe, so auch Gerhard, der „zum Tierkohle-Essen verurteilt war“, die Dachsteinhöhlen, am 25. Juli traf sie, nach einer Wanderung zum Ebensee und von dort weiter, in Salzburg, dem Endpunkt, ein. Gerhard verabschiedete sich am nächsten Tag von den anderen und ging auf den Kapuzinerberg, um Pater Edilbert, den er von Reichenberg her kannte, zu besuchen. Es war bereits Abend geworden, als sich Gerhard, der mit dem Rücken zum Fenster saß, umdrehte – und die mit Scheinwerfern hell erleuchtete Stadt sah, die für ihn, der im zerstörten Wien lebte, wie ein Wunder war. Da wußte er, daß er hier einmal leben wollte.

Gerhard hatte bloß fünf Mark, dennoch wollte er in jugendlichem Leichtsinn zu seinen Brüdern nach Frankfurt. Auf Empfehlung des Paters ging er zum Pfarrer von Großgmain, der ihm den Weg über die grüne Grenze nach Deutschland wies. In Reichenhall kam er bei seiner Cousine Edith, der älteren Schwester von Christa, unter, die ein Kurhotel führte. Tags darauf stellte er sich auf die Autobahn und wurde von einem Ehepaar, das nach Nürnberg fuhr, mitgenommen. Der Mann befahl ihm, die Hände auf die Rückenlehnen der Vordersitze zu legen, denn man könne nie wissen, es gäbe doch so viele Gauner und illegale Grenzgänger. Er beobachtete Gerhard unentwegt im Rückspiegel. Schon nach wenigen Kilometern gerieten sie in eine Kontrolle. Doch die Beamten winkten das Fahrzeug, nachdem sie die Papiere des Ehepaars begutachtet hatten, weiter. Gerhard atmete auf.

In Nürnberg, ähnlich zerstört wie Dresden, fragte ihn der Mann, wo er ihn absetzen solle. Am Bahnhof, antwortete Gerhard, denn da gäbe es, dachte er bei sich, zumindest einen Wartesaal. Doch der Mann fuhr in die Innenstadt, blieb vor einem Hotel stehen, stieg aus, sprach mit dem Portier, kam zurück zum Wagen und sagte zu Gerhard, er könne hier übernachten, das Zimmer sei bereits bezahlt.

Am darauffolgenden Tag stoppte sich Gerhard mühsam bis Aschaffenburg weiter, wohin es Christa nach der Vertreibung mit ihren beiden Kindern verschlagen hatte, von dort aus nahm er den Zug nach Frankfurt. Zuerst besuchte er Toni und Christl, am Abend saßen sie alle bei Lothar und Margit, deren Sohn Gerd am 28. April geboren worden war. Die Wiedersehensfreude war groß. Die Brüder, zum ersten Mal seit sechs Jahren wieder vereint, öffneten eine Flasche Wein und stießen mit ihrer alten Parole aufeinander an: „Des Amazonas wilder Haß verschmäht die Birkenblätter! Es lebe der Dreibund!"

Epilog I

Lothar übersiedelte am 2. Jänner 1950 mit Margit und Gerd nach Köln, um für den „Bundesanzeiger“, das amtliche Veröffentlichungsorgan, zu arbeiten; 1988 trat er als Abteilungsleiter in Pension. Da seine Eltern keine Rente nach Wien überwiesen bekamen, nahm er sie im Sommer 1950 in Köln auf. Zwei Jahre später übersiedelten Anna und Josef nach Surheim bei Freilassing, wo sich Ferdinand mit seiner Frau niedergelassen hatte. 1956 kam Tochter Sigrid zur Welt, die mit neun Monaten starb. 1973/74 baute Lothar mit seinem Sohn ein Zweifamilienhaus in Strauscheid, 65 Kilometer von Köln entfernt. Er ist Mitglied des Schützenvereins, war zweimal Schützenkönig, hilft in der Pfarre mit und hält auf seinem Grundstück Schafe. Die Familie beschenkt er immer wieder mit Fellen und Würsten, die er selber herstellt. Er besitzt noch den Teddy, den sein Vater bei der Delogierung in der Hand hielt.

Anton blieb bis zu seiner Pensionierung 1991 bei der „Deutschen Städte-Reklame“. Ab 1970 war er für die Stadionwerbung zuständig, ab 1972 leitete er auch die Abteilung Verkehrsmittelwerbung, 1982 erteilte man ihm die Prokura. 1953 wurde Dorothee, 1955 Andreas und 1960 Regina geboren. Seit Mitte der 50er Jahre engagiert er sich in der Pfarre St. Bernhard: Über Jahrzehnte war er Mitglied des Pfarrgemeinderates und sang im Chor, er leistete Lektoren- und Kommunionhelferdienste. Mit seiner Mittelformatkamera ist er der Chronist aller Feste. Bis zur Umsetzung des Schengener Abkommens ärgerte er sich, für eine Fahrt nach Österreich den Paß zu benötigen. Und jedes Jahr organisiert er das „Treffen der Landsleute“, wie er die Zusammenkunft der Familie nennt, zu Allerseelen/Allerheiligen in Surheim.

Gerhard trat vor den höheren Weihen aus dem Priesterseminar aus und promovierte 1955 in Theologie – als zweiter Laie Österreichs. Im gleichen Jahr erhielt er die Staatsbürgerschaft. 1956 ging er nach Salzburg, wo er für den „Katholischen Universitätsverein" arbeitete. Kurz darauf lernte er Elisabeth kennen, die er 1959 heiratete. Ein Jahr später wurde sein Sohn Thomas geboren. 1962, wenige Wochen nach der Geburt seiner Tochter Iris, zog Gerhard mit der Familie nach Graz und trat in die „Anstalten des Katholischen Pressvereins" ein. Seit 1964 als Lektor tätig, wurde er 1970 zum Leiter des Buchverlages „Styria" bestellt. Ende 1994 ging er in Pension, 1999 schloß er das Studium der Germanistik und Kunstgeschichte, das er Anfang der 90er-Jahre begonnen hatte, ab. Seine Herz-Sammlung besteht wohl aus Tausenden Exponaten. An die Zeit in Dresden erinnern nur die Firmungsuhr von Onkel Ferdinand und der bunte Schal, die er beim Luftangriff am Körper trug.

Epilog II

Die Hafnergasse in Reichenberg existiert heute nicht mehr, sie ist einem Einkaufszentrum gewichen. Das Haus in der Mondgasse ist devastiert. Im Geschäftslokal in der Wiener Straße, äußerlich unverändert, befindet sich eine Bäckerei. Die Kapuzinerkirche, die viele Jahre als Bücherdepot verwendet wurde, dient derzeit als Möbellager eines Antiquitätenhändlers. Die Gegenstände, die Gerhard 1945 in einem doppelten Boden über der Apsis versteckte, wurden nicht mehr gefunden.

Epilog III

Lieber Thomas,

[…] *Bitte frag mich nicht mehr. Du siehst nur meine heilen Seiten, aber es gibt auch andere. Man soll keine Reisen in die Vergangenheit machen.* […] *Vor einiger Zeit frug ich Deinen Vater, warum wir nach den schrecklichen Ereignissen keinen Psychiater brauchten (wie die jetzigen Soldaten). Ich meine, wir hätten einen gebraucht. Unsere Seelen sind verbrannt.* *

Es grüßt Dich Dein Onkel Lothar

13. August 1999

* *oder zumindest angebrannt*

Ich danke den drei Brüdern Lothar, Anton und Gerhard, die mir alles, was sie wußten, erzählt haben, auch wenn dabei manch alte Wunde aufgebrochen ist, und alles, was sie an Dokumenten besitzen, zur Verfügung gestellt haben.

Ich danke Christa Brosche, Reinhart Heyden, Christian Just und Elfi Pracher für ihre Erinnerungen und Informationen. Ich danke Elke Vujica für das Lektorat, Eberhard Schrempf für das Cover, Anna Matuschka für ihre Begeisterung, Hubertus Czernin für das Gewährenlassen. Und A oder S.

Recherchiert und geschrieben 1997/1999 mit dem Vorsatz, die Geschichte nicht zu beugen oder zu verfälschen, auch wenn die Erinnerung mitunter falsche Zusammenhänge konstruiert, und manche Puzzleteile nur ungefähr in die Chronologie eingefügt werden konnten.

T. T.

Anna und Josef
ca. 1923

Lothar, Toni,
Hund Schecki
und Gerhard
1936

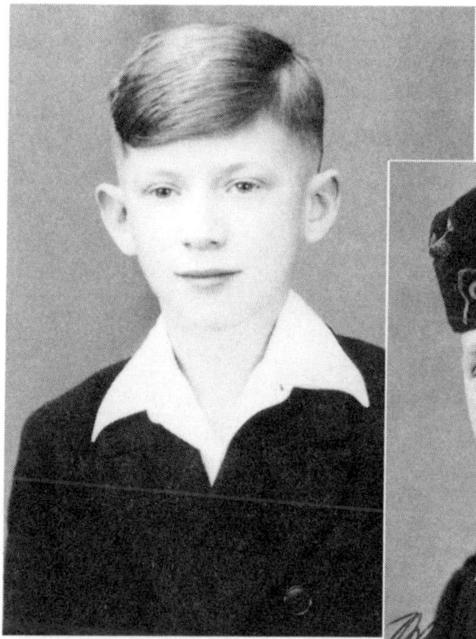

*Gerhard als Kapell-
knabe in Dresden
ca. 1941*

*Lothar 1943
in Panzeruniform*

*Toni 1944
beim Reichsarbeits-
dienst*

Hans Zomack

Marianne Schubert
1944

Hochzeit
Margit und Lothar
11. Juli 1948

Gerhard 1947

Hochzeit
Christel und Toni
28. Jänner 1948

Literatur

Bergander, Götz: Dresden im Luftkrieg. Vorgeschichte – Zerstörung – Folgen. Würzburg: Flechsig 1998.

Brosche, Christa: Geschichten aus einer alten Reichenberger Tuchmacherfamilie. Unveröffentl. Typoskript. [Bochum o.J.].

Franzel, Emil: Sudetendeutsche Geschichte. Eine volkstümliche Darstellung. Augsburg: Adam Kraft 1958.

Gränzer, Randolf (Hg.): Reichenberg. Stadt und Land im Neißetal. Ein Heimatbuch. Augsburg 1974.

Just, Christian: Dresden, 13./14. Februar 1945. Typoskript (zum Teil eingearbeitet in: Bergander, Dresden im Luftkrieg). Freiburg 1981.

Kammer, Hilde/Bartsch, Elisabet: Lexikon Nationalsozialismus. Begriffe, Organisationen und Institutionen. Reinbek bei Hamburg: Rowohlt 1999.

König, Johannes: Meine Jugenderinnerungen an Dresden am Ende einer Zeit. Unveröffentl. Typoskript. Dresden 1981.

Wagner, Konrad: Ein Leben in geregelten Bahnen? Ein Kapellknabe der Katholischen Hofkirche berichtet. Unveröffentl. Typoskript. Dresden 1998.

Overesch, Manfred (Hg.): Das III. Reich. Eine Tageschronik der Politik, Wirtschaft, Kultur. 2 Bde (1933-1939 und 1939-1945). Augsburg: Weltbild 1991.

Piekalkiewicz, Janusz: Der Zweite Weltkrieg. Augsburg: Weltbild 1998.

Sebald, W.G.: Luftkrieg und Literatur. München/Wien: Carl Hanser 1999.

Zentner, Christian (Hg.): Der Zweite Weltkrieg. Ein Lexikon. München: Wilhelm Heyne 1995.